U0143062

王芳

国家一级演员，昆剧、苏剧表演艺术家。全国文化名家暨"四个一批"人才，国家级非物质文化遗产项目（昆曲）代表性传承人。获中国戏剧梅花奖"二度梅"、文华表演奖、上海白玉兰戏剧表演主角奖以及联合国教科文组织颁发的"促进昆曲艺术奖"。现任江苏省苏州昆剧院名誉院长，苏州市苏剧传习保护中心主任。

苏州艺术基金扶持项目

『姑苏文化名家』王芳工作室联合统筹

一曲满庭芳

王芳 〉口述

王薇 闻雨轩 〉撰写

江苏凤凰教育出版社

本书摄影：王玲玲、尹雪峰、艾米、毛子、安初蜜、朱丹琼

其余照片由王芳、苏州市苏剧团、江苏省苏州昆剧院提供

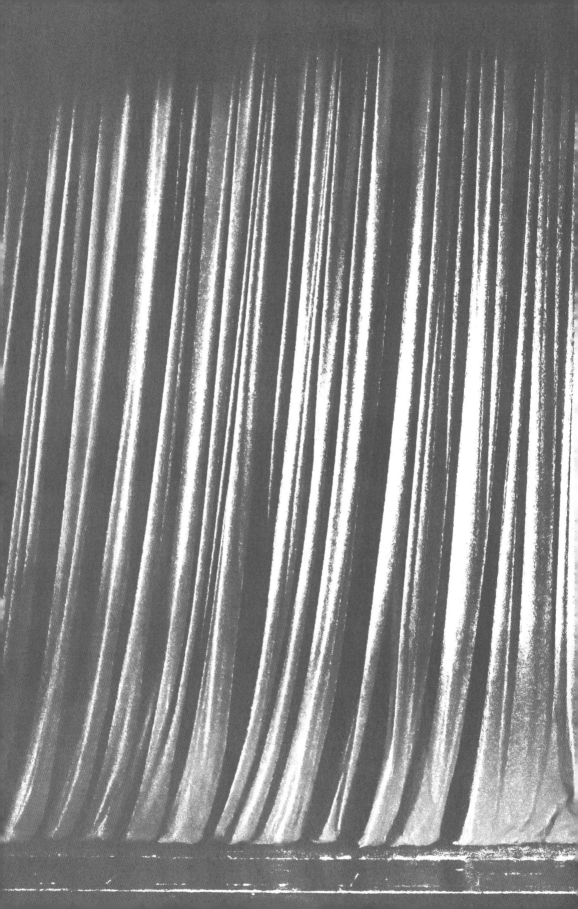

目

录

第一章 童年碎录

一

不富裕，但富足

20 世纪 60 年代，苏州皋桥下塘街，一个稀松平常的大杂院里盛满了人间烟火。世间一切的喧嚣与嘈杂，安宁和静谧，这里都有。1963 年 4 月底，正是院子门口的梧桐树枝繁叶茂的时节，我作为家里最小的女儿出生了。

熟悉昆剧《十五贯》的朋友对"皋桥"两个字一定不陌生，剧中苏戌娟误信了养父尤葫芦的话，连夜去投奔的姨妈就住在皋桥。这个大杂院是苏州建筑工程学校的家属宿舍，住着二十多户人家。大家既是同事，又是邻居，还是朋友。我出生的时候，家中已经有了三个姐姐，一家六口在这里落地生根，一住就是几十年。

我的父母都是苏州震泽人，爸爸是一名教师。他从同济大学毕业后，响应国家号召，没有留在上海，自愿回苏，到当时刚刚成立的苏州建筑工程学校教建筑设计。这个学校是由国家建筑工程部建立的直属学校，是我国最早成立的建筑类学校之一，2000 年与原苏州铁道师范学院合并，就是现在的苏州科技大学。

60 年代国民经济开始好转，每个人都很勤奋，很忙碌，爸爸也不例外，除了每天都要去给学生上课，回家还要照顾我们姐妹四个。我对那段生活并没有什么特别的印象，只记得爸爸手边好像永远都有一本书，一有空他就会捧起来津津有味地啃——虽然他是数学系毕业的，但是他很喜欢文学艺术，读书读到兴头上，有时候妈妈叫他，他都没有反应。我们家是大杂院里的一间，本来已经很拥挤了，根本没有地方放书柜。爸爸就自己动手在楼梯上方狭窄的空间搭了个木头架子，专门放他那些"宝贝"。我从来没有问过爸爸读的是什么书，心里一直觉得那个堆满书籍的角落是爸爸的快乐秘境，就和妈妈藏放点心的柜子也是我们姐妹的快乐秘境一样——好像可以隔绝世界，在那里只有快乐、舒展和满足。等我上了小学，我突然发现那个角落"失宠"了——原来爸爸把家里的书都看完了，他新的快乐秘境变成了新华书店！

我和爸爸还共同拥有另一个快乐秘境——听广播。那时候整个院子只有一个公共电表，每户按照计划用电量来缴纳电费，如果电表用电超支，就要各户再平摊掉多出的电费。所以大家都很自觉，晚上灯就开得很暗，反正阅读所需的亮度是肯定达不到的。我还记得那收音机是银黑相间的，吃过晚饭的闲暇时光，爸爸就会拧开它，我赶紧抢着把天线一节一节全部抽出来，仔细地拨动侧面的拨轮，看着那个红色的指示棍在数字之间慢慢移动调频，声音调到最清晰的时候我就立刻定住，把收音机乖乖放在桌子上。那时候电台节目比较单一，就那些曾经看过的电影——《白毛女》《红灯记》《沙家浜》《智取威虎山》……不过这个盒子仍然是小小的我心中的"大世界"，伴着窸窸窣窣的杂音我却听得心醉，有时候还会跟着一起唱，也许这就是我艺术之路的启蒙吧！

我的妈妈跟着爸爸一起从震泽来到苏州市里，她没有上过大学，但小时候念过私塾，能写短文，有人请她去做老师，她拒绝了，妈妈一心想当工人。60年代是物资紧缺的年代，国家提出了"四个现代化"，大力发展工业，一线的工人不仅有固定的工资，还发粮票、油票这些，很吃香的。那时候是计划经济，就是有计划地生产，有计划地供应。吃穿用度，每家每户只能按照各种票证上面的数量进行购买。五六十年代这些票证是最值钱的，非常紧张，很多时候，有钱没票，都买不到想要的东西。更重要的是，妈妈觉得可以在挣钱的同时学一些实用技能，将来可以"养家糊口"。

新中国成立初期，纺织工业是中国最大的一个产业部门。当时苏州的民族工

商业基础很好，尤其是丝绸，享誉海内外，妈妈凭借自己的努力考入了服装厂。另一部分原因，她坚信这是个能"养家糊口"的活儿。因为产能跟不上需求，服装厂为了提高效率，已经是采用流水作业，每个人只需完成自己固定的工作内容，比如钉纽扣、上领子、上袖子等。对工人的要求也只是熟练地剪、裁、缝、熨等等基本技能。一名工人有可能一直不换岗，直到退休都只做一项工作。但妈妈凭借着自己的勤奋和智慧，很快就学会了做衣服的全部工序。在那个不太富裕的年代，我们姐妹四人的衣服都由妈妈亲手缝制，妈妈参照画报上的服装样式，自己动手剪裁，修修改改，就这样为家里省下来一大笔开支。

直到今时今日，妈妈已经 94 岁了，仍然放不下手里的针线和布匹，有台陪伴了她几十年的缝纫机，依旧打理得一如初新。每年为女儿们做衣服依旧是她的日常习惯——不同花色的布料裁了四块，四个女儿一人一块，衬衫、短袖、打底衫，或者是她自己精心设计的简单大方的款式。每个女儿的身材妈妈都谙熟于心，从不用再量，上身便恰到好处，贴合舒适，还有着和妈妈爱的连接。熟悉我的人每年都会说："王老师又有新的小花衫啦？"而我也会说："是呀，这是妈妈今年新做的！"

妈妈的聪明智慧是我们四姐妹一直以来都望尘莫及的。她能够清晰地说出四个女儿的朋友、同事、同学，无论是身份还是姓名，从来不会弄混。又比如，你有东西不见了，妈妈的第一反应不是陪你一起找，而是要和你坐下来分析——是什么时候发现不见了？最后一次见到这个东西是什么时候？印象中你在什么环境下用过它？然后基本上再找就能立刻找到了。我儿子小时候一直说我妈妈是"福尔摩斯"，还会用苏州话说"阿婆，你是个仙人"。小孩子童言无忌，但又确实反映了妈妈的厉害。

爸爸妈妈都是很温柔的人，我印象中他们从来没有红过脸，有了意见分歧也只是讲道理，我们四姐妹犯了错更不会大声训斥。在那个没有电脑电视的年代，家中都有干不完的活儿。邻里之间相处融洽，有什么困难大家都互相帮忙，做了好吃的都端上一碗。家家都是一帮孩子，大孩子带小孩子，哥哥姐姐是同学，弟弟妹妹也是同学。我的大姐长我14岁，二姐长我12岁。当我可以在院子里独自和小伙伴玩耍的时候，两个姐姐已经参加工作了，只有长我5岁的小姐姐带着我。我的成长环境，父母的言传身教，都对我性格的形成和日后生活工作中的为人处世，影响深远。

大杂院的日子堪称平平淡淡，当初住在这里，拥挤、局促。可是当孩提时代倏然而过，蓦然回首，许多美好的东西竟然还在那里。如今，大杂院里的人们也水流星散，只有那些曾经发生过的鲜活片段，在我记忆深处封存——每家窗户透出的昏黄灯光、爸爸收音机里的嘈杂的广播声、妈妈温暖的笑脸、小伙伴的嬉笑打闹，还有院子门口那株枯荣交迭的老梧桐……这些数不清的碎片交织成一个个五色斑斓的梦，编织成我记忆中富足的童年岁月。

二

宠不坏的孩子

小时候，爸爸妈妈和姐姐们常说——"芳芳是宠不坏的孩子"。我是家里最小的女儿，得到了全家人的宠爱。尤其是生我的时候，妈妈身体不太好，那个年代医疗条件不发达，她总怕看不到我长大，于是就加倍地宠爱我。我和其他的小孩子不同，人家都是一夸就骄傲了，我则相反，越夸我越宠我，我反而会更努力要做到最好。"激将法"那一套在我身上完全不奏效——如果有人打击我，说我做得不对，那我就会很害怕，会真的觉得自己不行。

我从小就特别听话懂事，即便有不开心不愉快，我也不会哭闹。姐姐们熟知我这样的性格，就会偶尔逗逗我。比如每年过年前，父母会用一年攒下的布票，扯好布，由妈妈来亲手为我们几个姐妹缝制一身新衣服。每年春节穿新衣，是我小时候最盼望的事情了！有一年春节快到了，姐姐们跟我说："今年芳芳就继续穿旧衣服吧，过年没有新衣服哦。"我当时失望极了，但还是咬牙忍住，乖巧地答应下来。之后的几天，我一直闷闷不乐，一想到过年没有新衣服穿我就想哭，眼巴巴地等了一年，让我摸一下新衣服也好呀！除夕夜，妈妈拿出了提前缝制好的新衣服，我看着姐姐们一个个试穿，真的好羡慕！最后，妈妈才把属于我的新衣服拿出来，我欢天喜地地穿上了，不大不小，正好！晚上脱下来，平平整整地挂好，我躺在温暖的被窝里看着它，心里想着明天一早赶紧穿上它去拜年，连觉都不舍得睡，就盼望天亮。第二天我也不睡懒觉了，草草吃过初一早上的汤团，穿上新衣服就跑到外面和小伙伴玩去了，其中一个项目就是：比谁的新衣服好看。看着我又意外又开心的样子，妈妈和姐姐们都忍俊不禁。

虽然那时候物质和文化生活都非常贫乏，但我们可完全没有感到寂寞和无聊，每天都疯玩一通，简单快乐。那些游戏大都天然成趣，就地取材，或者是自己创造的，都非常吸引人，玩起来便忘掉一切。大人们站在各自门口喊孩子回家的情景至今我还记忆犹新。

我六七岁那年，父母和姐姐们都去上班了，只有小姐姐带我。那时候学校正在给老师们建造新房，建筑队在院中堆放了各式各样的建筑材料，有石头、木板、黄沙之类的。那一阵子这里变成了我们的野花园。在沙堆上我们建造了堡垒、金字塔和长城，还挖了不少战壕和地道。男孩子还捡了石子揣在身上，分为两队，互相抛掷打闹。把木板搭在石台上，一边高一边低，就成了简易跷跷板。我站在木板的一端，一群孩子一踩，我就"跷"了起来。然而自制跷跷板是没有中心固定的，"跷"起来的同时我也摔了出去，左胳膊一撑地，我只觉得一阵剧痛。

小姐姐看到我摔了，赶紧跑过来，我只好咬着嘴唇忍痛没哭。怎么办呢？小姐姐也只有十一二岁，我们姐妹两个怕回家受到责备，于是商量好，不告诉爸爸妈妈，我们决定先去楼下的储物间休息。储物间有一条长凳，小姐姐说："芳芳你躺一会儿，应该就会好的。"这个时候我感觉胳膊已经不能动了，小姐姐扶着我，我侧着身子，挪动自己，躺躺好。小姐姐在旁边慌乱得不知王芳的表演是完全符合我国古典艺术理论的美学原理的，发乎于情，以情赋形，形神兼备，顺其自然，的的确确达到了情动于衷而艺臻于美的境界。

——李庆成

所措，我只好眼睛望着天花板，忍着痛，默默地想：躺一会儿我就会好了！刚合上眼，突然间家里养的小花猫跳到了我身上！吓了我一跳，一个翻身又摔了下去。这下胳膊连着摔了两次，我俩更不敢告诉爸爸妈妈了。我就一个人缩在角落里，心里依旧想：明天！睡一觉，明天就会好的。

那天家里忙忙碌碌的，因为大姐第二天要回山西大同工作了，大家都在帮忙收拾行李，并没有太注意到我。是大姐同在山西工作的同学看到我觉得不对劲，问我："芳芳，你今天脸色好像不太好，怎么蜡黄蜡黄的？"爸爸妈妈才发现，过来问我哪里不舒服。我怕连累小姐姐挨骂，但又不敢撒谎，加上胳膊更疼了，只好很小声很小声地挤出一句——"胳膊有点不舒服，不太好动"。当时天已经黑了，距离我摔倒已经过去了几个小时。爸爸妈妈一看，呀！胳膊肿得老高！赶紧带我去了医院，挂急诊、看医生、拍片子、打石膏，一通下来，我才知道我骨折了。

我到现在也没搞清楚，到底是玩跷跷板摔骨折的，还是猫咪吓到我翻身摔骨折的。我只记得当时很疼，打石膏之后，院子里的小朋友给我起了外号，叫我"王连举"①。那时候孩子们都互相起外号，每个人都有不少。后来，我左胳膊的骨头因为小孩子好动嘛，没有长得很平，学戏练基本功的时候会有一些影响。

①京剧《红灯记》中的反面人物，舞台形象即为一手臂打着石膏。

⊪ 三

顽固的副伤寒

7岁那年上小学,我暗暗发誓要做班里最优秀的学生。不仅学习成绩要争第一,就连交卷子的速度也要争第一。为了能又快又好地答完试卷,我写错了就会用橡皮快速擦一下——因为我要抢第一个交卷,来不及完全擦干净,只需要够我重新写上正确答案即可。于是试卷上难免会有一块一块的黑影,我的数学老师说"脸蛋白皙皙,试卷黑黢黢",我就不好意思地笑笑,但为了速度和成绩的双第一,我依旧"试卷黑黢黢"。

小学二年级的暑假,我得了一种奇怪的病,主要症状是发烧。医生查不到病因,除了打退烧针,没有别的办法。等退烧针的药效一过,我又会重新烧起来。更奇怪的是,过了暑假,这个病就会自动痊愈,等到来年的暑假,它又会卷土重来。

从二年级到四年级,连续三年,每到暑假前期的期末复习考试,我就开始昏昏沉沉地发烧。有时候听着课,就体力不支,视觉听觉好像都模糊了,只能自己摇摇晃晃地回家休息。勉强撑着去参加期末考试后，我连成绩都等不到，只能躺在家里，是同学帮忙把成绩单送到家。

整个暑假我只能被强制按在家里睡觉，看着别的小朋友在外面玩，听着他们的嬉笑声，好羡慕。有时候烧得我浑浑噩噩、糊里糊涂，觉得像飘在广阔的云间。偶尔温度能降到 38℃ 以下，我已经高兴得想去玩了。然而，只要稍微出去一会儿，回来就又会严重。不能累，也不能吃好吃的，那时候生活不那么富裕，一般只有生病才有鲜肉小馄饨吃，而我只要稍微吃一点好的，更凶险的高烧马上就会随之而来。

我发病都是在暑假，带我去医院的任务自然就落在了身为教师的爸爸身上。我家到苏州儿童医院是一条笔直的路，每次我一烧起来，爸爸就会背着我去打退烧针。石板路坑坑洼洼的，直直的，但又望不到头。苏州的三伏天很热很热，我趴在爸爸并不那么宽厚的背上，垂着头，看着树影从我们父女俩的两侧退去。周围的商贩和打着扇子乘凉聊天的人们渐渐变得安静，我听不到了，只有蝉鸣声越来越大，聒噪得心烦，自己觉得身子越来越沉。那时候我个子也不小了，怕爸爸辛苦，就说："爸爸你放我下来吧，我可以自己走回家的。"我这个小小的举动让爸爸激动得不得了，回到家他逢人便说："看我芳芳多孝顺多懂事呀，这么虚弱，还怕我累，让我放她下来。"待到傍晚妈妈下班回到家，满院子的人都知道了。小时候，我不理解他们的骄傲，直到自己成为母亲，才知道孩子的一言一行、一点点成长，都在父母的心上。

四年级的暑假，我依旧高烧不退，那时院子里也有好几个和我一样病症的孩子。后来经人介绍，家里认识了一位治疗小儿麻痹的医生，他说我的病是一种病毒感染，叫做"副伤寒"。民间流行一句话"饿死伤寒"——我不能吃太多东西，尤其是有营养的东西，否则副伤寒的病毒比我的身体吸收得还快，所以要"饿死"它。幸运的是，我感染的是副伤寒而不是伤寒，病症还稍微轻一些。那位医生为我配了药，我吃过后便痊愈了，之后再也没有复发。

副伤寒为我带来了很长一段时间的"后遗症"，那段时间缺乏营养，我的底子打得不好。小时候我头发又细又少，真的是个"黄毛丫头"。初一我进了戏校，体弱多病也多多少少影响了我的日常训练。直到将近二十岁，我能多吃一些东西了，体质才逐渐好转。

说到这，我还有一个一直被大家津津乐道的"九碗饭故事"。1979年，我16岁，还是在校学员。那时候刚刚"解冻"，戏曲很景气，我们排演的苏剧《孟姜女》在江苏省内巡回演出，时间长达两三个月。

那时候"跑码头"的演出条件和如今的巡演相比，简直是天差地别。一大堆人出门在外好几个月，浩浩荡荡像搬家一样，能带的都带上了，除了铺盖，还有什么脸盆、洗漱用品、毛巾、肥皂、暖水瓶。

住宿条件可以说是简陋了，别说宾馆，就连招待所都少得可怜，毕竟那么多人，能省就省。每到一个码头，大家会迅速按照性别和工作性质，被分别安排在剧场内外各种能利用的空间里。舞美人员在舞台两侧，连床板都没有，每个人自己带的铺盖卷直接往地上一铺，一个挨着一个，怎么方便怎么睡。演员的待遇稍微好些，能住在剧场后面的平房里。这种生活每个人都早已习以为常，不管你是主角还是配角，不分彼此，团结互助，讲究的是"集体主义精神"。

那个年代条件有限，各行各业都一样。我们年龄又小，一直在团里，能有机会出来"跑码头"，还觉得其乐无穷，特别兴奋，每到一个地方都很新鲜。只要白天不排练，有点空我们都跑到集市啊或者特别热闹的地方玩啊逛啊，充实得很。

那年秋天，我们来到了常熟，开始了连续九天的演出。剧组安排我们每天上午起床后先去剧场练功。下午休息一下，五点开始化妆，准备晚上的演出，吃晚饭问题自己解决。

从来到常熟的第一天，我便偶遇了一碗血糯米八宝饭。血糯米是常熟名特产，八宝饭则是当地的一种传统小吃，把浸泡过的血糯米隔水蒸，再拌上猪油，淋上白糖和薄荚就可以吃了。现在我们吃的八宝饭，还有莲子、桂花、松仁、葡萄干之类，然而在那个物资匮乏的年代，单单一碗血糯米就是我眼中最美味的大餐！饭色紫红，泛着油光，一粒粒饱满晶莹剔透的糯米，热腾腾香气缠绕，满满一大口塞到嘴里，糯香爽滑、清甜清甜，当时我就想：明天我还要来吃！就这样，在常熟巡演了九天，我吃了九碗，每天晚饭都去，一碗不落。现在想想，那就是一碗碳水化合物加脂肪的卡路里"炸弹"，16 岁的我，真的很需要这份能量吧！

爱吃东西了，人自然也就圆润起来，我再也不是小时候的"黄毛丫头"了。"副伤寒"和"九碗饭"的小故事也是想让大家知道健康的重要性，身体好才有力气做自己喜欢的工作。现在，我常常对青年演员们说，一定要有健康的身体和良好的心态，这是唱好戏的前提。尤其是女孩子，千万不要为了减肥而节食，非常伤身，得不偿失。拥有健康的体魄，我们才能进行持续、稳定的艺术创作，并拥有更长久的艺术生命力。

小 四

第一个人生转折

20 世纪六七十年代，文化生活单调，没有电视，只有几部样板戏。广播也是每天分时段的，时间有限，还要播大量的新闻快讯，能收听的文艺节目十分有限。出于人们对文化生活的渴求，文艺宣传队如雨后春笋般兴起，活跃在苏州的每个片区。一般是专业老师从附近几所学校中选拔出一些条件优越的艺术苗子，然后带领大家聚在一起排演节目，参加市里的各类宣传演出。

我从小嗓子好，嗓门高，调门准，同学们都叫我"高音喇叭"。我上小学时就被选入了桃花坞片区的文艺宣传队，经常独唱、诗朗诵、表演小歌舞，参加地区的各种文艺演出和社会活动。我们这些小队员的父母，几乎都是双职工。那时候不像现在，有条件接触音乐、舞蹈的孩子非常少，他们之中很多人的一生因文艺而改变，我也不例外。

20 世纪 70 年代中期，各类艺术团体经常到学校招学员，老师就会把文艺宣传队里的学生们带去考试。我先后参加过前线歌舞团（南京）、南京越剧团的考试。前几轮我都顺利地通过了，但是等到通知我去体检，并且要做最终决定的时候，爸爸妈妈就会反对。因为在他们老一辈的心里，当演员"吃开口饭"终归不是太好的出路。我那时小，老师让我去考试我就去，爸爸妈妈不让我做演员我就不做。直到1977年，苏昆剧团来招生，一切都发生了改变。

这是"文革"后苏昆剧团的第一次招生，规模很大，首轮参加考试的学生有几千人，评委老师是一批老艺术家。当时我正在读初一，被学校的音乐老师带着去参加了考试。我记得初试不难，就是考察嗓音条件，要求学生自备曲目唱歌。我选了《南泥湾》和《绣金匾》两首歌，自己认为完成得不错。

初试通过后，评委对我们的身体条件进行考察，尤其是韧带的柔软程度——他们让我们排成一排，做一些扳腿、下腰之类的动作，还考察了每个人的表演能力，做一些动作让我们当场模仿。印象中考试一共进行了五轮，沈传芷、顾笃璜、尹继梅等老师都在现场，当然那时候我不认识他们，是进团之后才知道的。

只记得在考试临近尾声的时候，我听到老师们讨论，说我是扁平足，于是尹继梅老师就让我在白色的粉末上踩一下，再把脚印到空白处，用脚印来判断扁平足是否严重。当时我也不懂这究竟意味着什么，只是乖乖照着老师交待的做，还好老师说不影响，于是这次苏昆的招生考试我又顺利通过了。直到进戏校我才知道，如果扁平足严重的话，对戏曲演员跑圆场是很不利的。

就这样，在几千个孩子中，我通过了层层筛选，成了三十人录取名单中的一员。然而到了最终体检环节，还是老样子，爸爸妈妈依旧反对，不让我去了。

当时我的班主任汪德福老师，还有章继涓老师听说这件事后，直接从学校到我家里。汪老师虽然不是演员，但他对艺术的敏感度非常高，见过许多优秀的表演艺术家。两位老师一直在劝说我爸爸妈妈，说我是几千人中脱颖而出的好苗子，十分难得，而且条件这么好，以后一定会有出息的！但是我爸爸妈妈始终没有松口。

记得老师们前后去了我家三次，最终这份执着打动了我父母，爸爸为了我的去留问题召开了家庭会议。

当时还没有恢复高考。我家首要面临的现实问题是，如果我不去剧团，高中毕业后就必须要下乡。当时的政策是城镇家里的孩子要"一工一农"——有一个支工，就要有一个下乡支农。我大姐在山西大同做了工人，二姐已经下乡插队；三姐当时也做了工人，轮到我就一定要下乡。我是家里最小的孩子，从小身体弱，是个"黄毛丫头"，爸爸妈妈舍不得我下乡插队。如果去剧团，相当于有了工作，理所当然就不用下乡了。

爸爸还谈了他自己的想法，虽然他是理工科出身，但作为老苏州、知识分子，爸爸对本地文化还是很了解的。他说昆曲词美，文化底蕴深厚，学昆曲可以丰富文学修养。虽然当演员要练功，也要吃苦，再三斟酌，"要不，就让芳芳去吧"，爸爸终于说出了这句话。

虽然我眼看着老师一次次来家里做工作，但说实话我自己对这件事没有任何想法。那时的孩子不比现在，虽然已经上初中了但也没什么主见，一切全凭家里长辈做主。我虽然从小喜欢文艺，还经常和爸爸一起听收音机中的样板戏，也会跟着唱上几段，但对于做职业演员我是一点概念都没有的。直到父母决定让我去戏校，我才意识到——我要成为演员了吗？那是怎样一种生活呢？但我也没多想，乖乖服从了爸爸妈妈的决定，就这样加入了江苏省苏昆剧团的学员班。

进入学员班没多久，国家宣布恢复高考制度。虽然我从不向家里说练功有多么辛苦，但爸妈都看在眼里，再加上高考制度的恢复，我明白他们多少还是有些后悔的。好在看着我慢慢越来越喜欢昆曲，通过努力也有了一些成绩，他们才逐渐释然。其实人生就是如此，没有人能担保永远做出正确的选择，但是可以让自己不后悔，一旦做了决定，就朝着选择的方向坚定不移地走下去。

第二章　戏校生活

一

日复一日

我正式被苏昆剧团学员班录取了，通知我报到的日期是 1977 年 9 月 12 日，而我足足迟了四天，9 月 16 日才正式报到。当时我就读的中学已经开学，我还上了一星期课，爸爸妈妈讨论了好几天，最后才同意我去剧团的。我到学员班的时候，同学都已经整整齐齐的了。

我报到那天，苏州的暑热还留有最后一丝余温，空气中桂花的香气却早已四处弥漫。我只收拾了简单的换洗衣物，就寻觅着桂花的踪迹，从皋桥家里一路走到剧团。那段路很近，我一走就是十几年。

学员班指的是江苏省苏昆剧团的随团学员班，实际上不隶属于任何一个戏曲学校。平时我们和苏昆剧团没什么交集，那时候的苏昆剧团位于石路一带的苏州人民剧场，现在已经拆除，而我们生活学习的地方是在校场桥路，就是现在江苏省苏州昆剧院的地址。

学戏的日子紧张而忙碌，起床铃是一天的开端，28 分钟之后打一遍早功预备铃，预备铃 2 分钟后便是上课铃——夏季准时五点半，冬季六点。感觉那时的觉实在是不够睡，我一定要到打早功预备铃的时候才起床，那我是如何在两分钟之内从宿舍赶到练功房的呢？我会每晚睡觉之前，在头顶左侧扎好一个小辫子，第二天早上一打预备铃，我迅速坐起来把头发一拉，小辫子就理好了，也不洗漱，穿好衣服直接飞奔到练功房开始练早功，两分钟足够。

冬天的清晨漆黑漆黑的，练功房里的灯光昏昏沉沉，也像没睡醒似的。只有大门被风吹得吱扭扭响个不停，棉布门帘笨拙地拍打着门框，碎了玻璃的窗架锈迹斑斑，几块临时挡风的纸板也没什么用，还是四处漏风，仿佛下一刻就要被掀开。练功房在一楼，那才真的叫"接地气"，别说地毯，就连地板也没有，就是冰凉冰凉的水泥地。印象最深的是拿大顶，二十二个孩子[1]排好队，一个个直接撑在水泥地上，耗着，一刻钟不能下来，练完后手都没了知觉。在戏校的几年里，一到冬天每个人的手上就会长满冻疮，夏天好了冬天再起，如此反复。我小时候手臂摔断过，恢复得不太好，于是拿大顶这个项目于我而言又多了一层煎熬，我告诉自己不能比别人差，暗暗咬牙坚持。

除了拿大顶，早功还有下腰、压腿、踢腿等基本项目，练完才可以回宿舍刷牙洗脸，吃早饭，稍微休息一下，开始上午的文课学习。除了语文、数学、历史这些文化课外，最重要的就是唱念课。昆曲唱词文学水平高，不通俗，我们年龄又小，根本不懂词意，只好死记硬背。给我们拍曲的是著名的昆曲学者、曲家，王正来老师，他的要求十分严格，吐字、归韵、行腔每一点都十分讲究，就"忧患元元"四个字，他给我们拍了一个星期，每个字的韵头、韵腹、韵尾都要咬清楚，唱明白，才算通过。

下午是形体课，包括基础的扇子、水袖等，根据性别、行当的不同，学习内容也有所不同。我们学员班三十个人，其中只有八名女生。上了半年的基础形体课之后，我们开始学戏，形体课就代入戏中的身段，也就是"以戏带功，以功出戏"。大约一年之后，我们就可以完整地学演一出折子戏，进行学期末的汇报演出了。

晚上七点到九点半是晚功，那时学校专程请来了严长华老师，给我们加练腿功课。练功房有一张乒乓球桌，刚开始，我们就在乒乓球桌上围成一个圈压腿。后来老师对武戏组提高要求，把一条腿压上墙，要求上墙的脚不能超过额头，支撑的腿离墙一脚距离。我们就得用力把腿往墙壁上压，不然整个人会哐当直接栽倒。

[1] 第一批进入苏昆剧团学员班的有三十人，其中二十二位演员，八位乐队。早功课乐队同学不参与。

现在练功房四周都有把杆，我们那时候光秃秃的，没有什么地方可以扶。练习上墙的时候很痛苦，当时已经14岁，韧带没那么柔软了。和我同在武戏组的女生还有陈滨和顾玲，陈滨比我大三岁，韧带更硬；顾玲以前是体操运动员，柔韧度比我俩好多了。上墙压腿要耗一刻钟，下来之后整条腿都麻掉，没什么知觉了。

接着一项内容是控腿，就是一条腿站立，一条腿伸直悬空抬起。文戏组演员要求两腿之间呈90度直角，武戏组演员则要求两腿是180度直线。戏曲舞台上常看到的"三起三落"，就是训练控腿的成果，这不仅是对腿部柔韧度的训练，更是对肌肉力度的考验。我们的训练方法十分简单，控腿时长是老师数三个数，从控好腿开始，老师数"一"……然后就抽烟了，你永远不知道"二"何时才会来，等到"二"的时候，我们的腿已经在抖了。

控腿后紧接着要练踢腿：原地踢正腿50个一组，每条腿做3组，一共300腿；原地踢旁腿50个一组，也是每条腿3组，又是一共300腿。接下来，左右交换着踢100正腿，100旁腿，100撤腿，100十字腿，总共是400腿，和前面的600腿相加就是1000腿。每天每个人至少都要踢满这1000腿。

踢腿的同时，要求上身拉着山膀，并且腰不能松，手不能动。老师会拿着道具刀坯走来走去，只要看你上半身稍微晃动一下，就给你一下。我曾经也挨过一下，回去之后发现被打的地方全都青了，印记也留了好久。那个年代，进科班学戏挨打是常事，"不打不成才"。

这些都算是轻的，最要命的是后面的惩罚。如果我们其中有人做得不好，所有人都要被惩罚，惩罚的内容就是——全部重新练一遍。毕竟一群孩子，谁能保证每个人每天都不犯错呢？今天是你，明天是他，后天就轮到我，一人犯错全班被罚。因此被惩罚这个项目，也是日复一日，每天如此。

有一次，我抱着侥幸的心理，想要个"小聪明"。我看踢腿大家都是一起踢，自己数自己的数，少踢一两腿应该不会被老师发现吧？！结果在那组踢腿结束之后，老师单独点我的名字问道："踢了多少腿？"我也只好如实回答："48腿。"于是，又免不了大家一起被罚。

小时候我们都觉得老师很神奇，每次踢腿结束后，只要他单独点到谁，那这个人一定数量不够，可是老师有时候是背对着我们的呀，他到底怎么发现的呢？后来才发现老师从练功房仅有的两面镜子里一直盯着每个人，如果谁的节奏比别人慢，又和大家一起结束，自然就是数量少了。尤其等到后来自己当了老师，更是发现，哪个学生偷懒，哪个学生走神，简直一目了然，不禁对自己学生时代的小心思哑然失笑。

学生时代的腿功课是我最害怕的课程，至今记忆犹新。仅仅压腿、控腿、踢腿这三项内容，每天晚上都能练两个半小时，这期间不能喝水也没有休息。老师自然也是全程陪伴、监督、指导我们。练完了，回到寝室洗洗涮涮，倒头就睡，当然我还是依然在睡前就梳好我的小辫子，等待着第二天一早打第二遍铃的时候再起床，赶紧去练早功。就这样日复一日，早功到晚功；年复一年，手上的冻疮好了再来。

每周一天休息，其余六天都在练功、学戏中匆匆而过。休息日回家的时候，我怕爸爸妈妈心疼我，不让我继续学戏，练功的事情我一句都没有提过。如今回想起来，似乎也没有觉得很苦，只是觉得日子充实。在紧张的练功学戏之外，为了提高我们的艺术感知力，开阔眼界，学校会统一买票组织我们看戏、看电影。这是我们学生时代最开心的事情了！因为演出和电影都是在晚上，不用练晚功了，简直是"躲过一劫"。

这种近乎"折磨"的训练方式，为我们打下了扎实的基本功，我们很顺利地进入了学戏阶段。两年后，1979 年的下半年，学员班已经可以独立出去巡演了，其中苏剧大戏《孟姜女》，就是由我和同学陶红珍分上下场共同主演的。巡演路途中，同学们的嬉笑打闹、亲密无间，那就又是另外的故事了。

⑾ 二

勒头睡觉的"扈三娘"

戏曲行里有句老话，叫"台上一分钟，台下十年功"。这句话听上去容易，真正做到要付出常人难以想象的努力。戏曲演员要练的"功"，除了为塑造人物服务的"唱念做打""手眼身法步"，还要有"头功"——这一点似乎行外人了解的不多，但我小时候却为此吃了不少苦头。

旦角在面部妆容化好之后，就要开始梳头，我们通常叫"包头"——先要用一个有弹性的网子把自己的头发全部兜起来，便于后续操作。然后用长长的勒头带，实际就是黑布条，卡住眉梢，就这样一提，就把眼睛眉毛都吊起来，再一圈圈地沿着网子边缘缠在头上，固定好。正面看起来眉毛好像斜飞入双鬓，眼角高高吊起，眼睛闪闪亮亮的。戏曲演员讲究眼神功夫，眉毛吊得好，一来显得人有精气神，二来增大了眼睛的面积，能让眼白和眼黑看起来更加分明，便于用眼神塑造人物。

网子戴好之后，再根据演出的不同人物贴片子、戴辫子或发垫，然后用水纱把头一层一层缠起来，起到干净、固定和美化的作用。水纱是一条长约四尺半、宽约半尺的黑色纱布带，非常非常薄，用时浸水，故名"水纱"。水纱浸湿之后变得服帖平整，然后捏干到不滴水的程度，抖直、叠好。刚裹在头上的时候水纱还是湿润的，上台之后，舞台的灯和演员头部产生的热量会把它烘干，水纱就会越来越紧,越来越紧……直到完全干透，像紧箍咒一样箍在头上，把人定在那里不能动弹。

戏曲各个行当都要勒头，不同行当、不同戏码、不同角色、不同演员，各有针对性的勒法,武戏演员要比文戏演员勒得更紧一点，不然在台上一翻一打，盔帽当众脱落，那叫"掭头"，算是演出事故。

我是武戏开蒙，第一个上台演出的剧目是《扈家庄》。扈三娘在舞台上唱、念、做、打并重，有许多连续翻身、开打的动作，还要带硬盔头，比唱闺门旦、正旦时的头饰重很多。盔头是由绳子收紧的，盔头的硬质边缘与水纱只是部分接触，不是完全贴合的，没勒紧的话非常容易脱落，就成了"丢盔卸甲"了。

为了防止掭头，吊眉毛、缠水纱、戴盔头三个步骤都得比平时紧很多——盔头是勒在水纱上的，水纱是勒在网子上的，勒头带勒在头上。这三个里边哪一个没勒住都有可能掭了，那真是"紧箍咒"！

造型好看了，演员可吃苦了，头上的神经、穴位比较丰富，没几年的苦功夫，勒不了多久就会呕吐。我小时候身体比较弱，每次勒头都觉得头晕恶心，更不要说还得不停地按照规范做动作。每次练我都会呕吐，那时候深切感受到孙悟空被念紧箍咒时的痛苦。等到正式演出上台时，本来就被勒得血脉不和、脑供血不足，灯光再一照，整个人都是晕的状态，顿时觉得天旋地转，恨不得马上就把头掭了。

但对演员来说，舞台是个有魔力的地方，只要一入戏，什么都感受不到了。而只要下场的"八答仓"一亮相，头又立刻开始疼。《扈家庄》共有两次上下场——先是扈三娘上场，一系列起霸①、走边②的动作，矮脚虎王英上场，

①起霸：戏曲表演程式之一，即武将上阵前所做的整盔、束甲等一套动作，以表现将帅风度及威武英姿。
②走边：戏曲表演程式之一，通过云手、踢腿、飞脚、旋子、翻身等一系列动作的组成，表现身怀武艺的剧中人轻装潜行的情景，给人以头脑机敏、动作灵活的感觉。

· 包头

· 戴头饰

027

扈三娘与王英打斗，打完了，下场就吐；然后是林冲上场，扈三娘再和林冲打斗，下场之后继续吐——上场战二回，下场吐两回。舞台上我是骄傲英勇、武艺高强的女将，舞台下立刻变成了头晕目眩、浑身乏力的病号，真是难受极了！

每次我在后台都一边吐一边想：太难受了！以后不演了！演出结束后摘了头，我立刻会期待下一次的舞台。等真到了演出前，一想到勒头我就开始恐惧：又要头疼了！又要吐了！怎么办？有一段时间，我就一直在这种想演出但又害怕勒头的情绪中反复纠结。

平时听老师们说——著名京剧表演艺术家、武生泰斗盖叫天先生，不浪费一分一秒的时间，睡觉时也把一条腿吊起来在床头上，这样就可以利用睡觉的时间耗腿练功。听到这个故事，我灵机一动，那我睡觉时也把头包起来，不就可以抓紧每分每秒的时间练"头功"了吗？

说练就练，当天晚上睡觉前除了梳好我的小辫子，我还用勒头带把眼睛眉毛吊好，再用水纱把头一层一层缠紧，一切准备好后我赶紧钻进被窝，心里还挺期待效果的，觉得只要每天多练，肯定就能不难受了，自己对于扈三娘这个人物的演绎一定更完美！一边想象着我将以更加英姿飒爽的形象上台，我美美地准备睡觉，第二天赶紧练早功。然而理想是美好的，现实却残酷了许多——包上头的我，一会儿就难受了，虽然一直在对自己做心里暗示，要放空、放松，但翻来覆去一整夜根本睡不着。迷迷糊糊撑到起床铃，一起床更晕了，整个人都动不了，只想呕吐。

我勉强到了练功房，还没开始训练，人就已经摇摇晃晃的了。老师见到我就问："怎么回事，刚起床就这样啊？"虽然感到很委屈，但又不愿意说出来，只好忍着继续练。后来是同学告诉了老师实情。老师很心疼，命令我马上休息，并且语重心长地告诉我，功夫不是一朝一夕就能练成的，由小及大，头功如此，我们看到舞台上的杨贵妃不是被刻意"做"出来，而是由内心出发自然而然表演出来的。王芳是演人物，演内心。

——朱栋霖

艺术表演更是如此，需要持之以恒地付出努力。

也忘记了是多久以后，慢慢的，我上台再也不会呕吐了，头也不那么疼了。现在都唱文戏了，还会把头勒得较紧。化妆师有时会说，你没必要勒那么紧呀！不难受吗？其实是习惯了，一台大戏唱下来要两个多小时，连头饰带衣服最重近三十斤，轻的时候也有十几斤，早就习以为常。

现在，很多小演员会抱怨自己演出的时候头很痛。一方面，我能理解他们，因为我曾经感同身受；另一方面，我也希望他们能克服困难，慢慢磨练。有一次，苏州著名评弹演员盛小云反串昆曲《牡丹亭》中的片段，跟我说："哎呀，王芳，我扮戏后上下眼皮都粘不住了，眼睛闭不上了。你们每次演出真是太痛苦了！"其实，这是每个戏曲演员的必修功课，不是一步一个脚印的刻苦训练，哪里会有舞台上的"万众瞩目"呢？

三

武戏开蒙与改学文戏

我的开蒙剧目是武戏《扈家庄》，名著《水浒传》当中的故事，是刀马旦必修的基础功夫戏，唱念做打并重。戏中主要表演"一丈青"扈三娘起霸、走边，唱的是昆曲牌子，要求满宫满调。后表演把子，与梁山好汉轮流开打，技巧繁复。扈三娘头戴蝴蝶盔插双翎，挂狐狸尾，身着粉蓝改良靠，腰挎宝

剑，要求身上脚下和双翎、狐狸尾、宝剑，与画戟、马鞭互不勾挂，干净利索，非常吃功。

进入学员班的前半年，我们是不学戏的，只练基本功。半年后开始学戏，"以戏带功、以功出戏"，就是一边学戏一边练功了。

扈三娘穿的叫做改良靠①，顾名思义就是代替大靠②，不背靠旗，有点类似影视古装戏里武将披挂的铠甲。靠腿分前后左右四块，甲片缀满排穗，软带和肩部用金线绣着各种花样，简洁轻便，穿起来相对轻松，便于武旦高难度的舞蹈武打动作。

虽然台上穿改良靠，台下老师却让我们穿"麻袋靠"练习。麻袋靠比改良靠要重很多很多，而且不像改良靠是可以系在腰间的。如果演员的控制力不到家，耍枪开打的时候大靠前后片会飘起来，台上就不好看。我们用来练习的麻袋靠是一种用麻绳编制而成的靠，那是重上加重。

台上的完美演出一定是台下加倍付出的结果。好比你学一样乐器，如果想在台上表演得行云流水，不出一点错，那你台下可能要连续行云流水二十次甚至更多，这样才能保证在紧张啊灯光啊等多种因素的影响下，顺利表演。

让我记忆犹新的是，学习《扈家庄》正是在七八月，盛夏的苏州，日头永远是闷闷的，虽没有骄阳似火的炙烤，但潮湿闷热也让人喘不过气来。练功房自然是没有空调的，只有一个挂得很高很高的铁皮吊扇没精打采地运转着，吹出来的风还没来得及让人感觉到一丝丝凉爽，就迅速消散在半空。我们仿佛置身在巨大的蒸笼里，二十多个学生分组练习，压根施展不开。多数时间，我们武戏组只好到户外练习，再穿上厚重的麻袋靠，真的是"夏练三伏"，人还没有动就头昏昏的，一身汗了，那种滋味大概如今学戏的孩子们永远也不会感受到了。

当然麻袋靠不是穿上就万事大吉，还要开打。我从小就晕车，《扈家庄》有很多鹞子翻身的动作，平时转一圈都要头晕，更别说要不停地翻身、涮腰。我练完一组动作就想蹲下来，喘口气，这时候自己眼前会有许多"星星"在空气的热浪里飘浮升腾。还没等"星星"全部消散开，就赶紧准备下一组了。

学校给我们每个人统一发了练功服，是件紫红色的有领短袖汗衫。一天下来，练功服早被汗水泡透了，紫红色也变成了深紫色，皱巴巴地贴在身上。麻袋靠也完成了它一天的使命，因为又大又沉，只能被挂在院子里的树干上晾晒。第二天，麻袋靠上的汗渍根本没法干透，又要穿在身上，继续新一轮的练习。很快，麻袋靠潮湿难闻的无法描述的气味，夹杂着每个人身上练功服的汗味，在闷热的空气里蒸腾翻滚，那种气味和场景我至今印象深刻。

现在回忆起来，那段日子确实挺苦，但成人眼里的苦和小孩子眼里的苦，是完全不一样的，小孩子是什么都不知道的，只有"胜利"了，那种喜悦、兴奋才是真实的。当时我一门心思想着：绝对不能落后，要拼命地练！可我体质不太好，练太狠了马上发烧，老师着急我更急，我还特别生气——自己的身体怎么那么不争气呀？等稍微有好转，赶紧再练，甚至还没完全恢复就自己硬练。终于，在进入学员班的一年半后，迎来了第一次登台的机会。

那年我15岁，汇报演出《扈家庄》，爸爸妈妈都来看我演出了。记得是在林机厂的礼堂演的，下面坐了满场的观众，基本上都是林机厂的职工和家属，当然还有苏州文化系统的领导。

这是我第一次正式演出，记得当时面对着满场观众，特别特别兴奋。周末从戏校回家，是爸爸告诉我，看完演出回家途中，听到有观众在惊叹："这个小姑娘演得太好了，她才 18 岁，可真了不起！"爸爸说我真想告诉他们："这是我的女儿，她才 15 岁！"记得当时爸爸的语气很平静也很骄傲，他觉得我长大了，可以独挑一出戏了。我也很开心，证明了当时的选择是正确的，功也没有白练。

凭借这次演出，我获得 1979 年苏州市青年演员会演的学员表演一等奖。我还没毕业，有生以来第一次得奖。后来老师都夸我，说我台上比台下训练的时候还好。我想可能是因为平时没有观众的反馈，亢奋程度就没有正式演出时高。观众和演员有了交流后，我的精气神更加饱满，从上场到下场的 40 分钟里，每一个环节我都紧紧咬住，势必效果要比训练的时候好。所以我觉得从小培养起来的精神面貌非常重要，可见基础教育意义重大。

《扈家庄》的成功让小小的我信心倍增，后来我又学习过《挡马》《借扇》等武戏，当时是使劲地学、拼命地练，觉得只要学了、练了，就一定会好，完全没有意识到给自己的嗓子埋下了隐患。其实，我在演《扈家庄》的时候就已经感受到嗓子有点不听话了，还单纯地以为是自己练得不够，于是平日练习更加努力。声带负荷加大，没有科学用嗓，高强度的练习，我的嗓子一直处于充血的状态，很快就"倒嗓"了。

倒嗓对吃"开口饭"的演员来说是个致命的打击。我当时倒嗓挺严重的，《扈家庄》中扈三娘一上场要唱"披挂整齐"四个字，这个"披"字都发不完整，只有气顶着，没有声音，我懊恼极了。后来去看了医生，确诊是声带闭合不良。

大家都知道健康的声带是左右对称的，富有弹性。我们不说话时，声带是放松的。说话时，声带关闭，从肺部和气管冲出的气流不断冲击声带，声带振动发声。如果声带长时间一直处于充血状态，就会失去弹性，导致闭合不全。唱的时候就只有气，没有声带的振动发声了。

医生让我必须休息，否则声带有可能会长小结，那就更麻烦了。小小的我心里百味杂陈，怕这辈子再也不能唱戏了。当时我们的老团长顾笃璜老师看到我这种情况，严肃地对我讲：不能再唱了，你要声休，要养嗓子。我只好照做，不仅不敢练声，就连话也不怎么讲，即便有需要，我说话声音也很小很小，"高音喇叭"变成了"闷葫芦"。再想想之前顾笃璜老师曾经说，这批学员中我嗓子是非常好的，音色好听，又有穿透力，之前从没遇到过这么好的嗓子，我就更沮丧了。

我只能严格按照医生和老师的要求休养，生怕以后不能唱戏了。慢慢的，我的嗓子好起来了，心里按捺不住又想赶紧练功、演出了。然而这时，顾老做出了改变我一生的决定——"弃武学文"。他一边给我找了专门的声乐老师练声，一边又请了苏州著名的曲家俞锡侯老师为我拍曲，很笃定地对我说："文戏是昆曲的根，你一定会有很好的前途。"

当时我对昆曲的认识很浅，完全不知道改唱文戏对于一个演员来说意味着什么，我又一直很乖巧听话，既然老师让我去唱文戏，我就去。刚刚开始练习文戏时，我总是不如别人，心里很难过，我想武戏才是我的长项，我嗓子本来就不好了，文戏还要靠"唱"，那我怎么能唱得好呢？而且当时年龄小，觉得唱武戏多威风！还没上场呢，两堂①龙套都在台上站好等着你了，锣鼓点里登台，走到九龙口，啪一亮相，底下观众马上叫好鼓掌。我还能戴漂亮的蝴蝶盔，上面插着长长的翎子，再加上扈三娘这个人物的傲气，别提有多美了！文戏慢吞吞的，舞台上就那么几个人，咿咿呀呀唱好久，身段一点也不"嘎嘣脆"。重要的是，我要是改文戏的话，都要重新学，之前练武功的那些付出，不都白费了吗？

虽然自己一直没想通，但还是听老师话，暗自努力，争取早日跟上文戏组的学习步伐。我学的第一出昆剧文戏是沈传芷老师教的《思凡》，大多数京昆

①堂：戏曲专业量词，一堂为四个人，两堂即八个人。

旦角都是这出戏开蒙，"男怕夜奔、女怕思凡"，这是个身段繁复，很考验基本功的独角戏。

沈传芷老师是"传字辈"的名角儿，会戏很多。我们对沈老师的第一印象是"光头小老头"——当时他已经七十多岁了，矮矮胖胖的，圆圆黑黑的脸，脑袋直反光，一条腿也不太方便，走起路来有点跛，就是路边乘凉的"苏州老头"嘛！对戏曲还懵懂的我们，怎么也不能把美丽的旦角和他联系在一起。

那时候，学校是把沈老师请到学员班里来教戏的，与我们同吃同住。教学的时候，他会把动作一连串地示范给我们看，对小孩子来说很难消化。施雍容老师就在旁边做助教，把每个动作拆解开来再示范一遍。别看沈老师平时笑眯眯的，说话很温和，但真要严厉起来，很凶的，尤其是对男孩子，会当场训得你抬不起头。

他对我们要求非常严格，一丝不苟。昆曲学唱叫拍曲，用的是工尺谱。这种记谱方式不像简谱和五线谱标识得很细致具体，每个字只有主腔，我们要根据沈老师唱的，自己把小腔标注上去。这需要会听音辨音，还要有良好的音乐素养，才能把谱子记准，唱好。那个时候不像现在，学生有专门的视唱练耳课，完全凭自己摸索练习。如果谁唱得不对或者漏掉了某个小腔，他就立刻发火训斥。不仅仅对演员，他还要求配合的乐队必须把谱子全部背出来，演奏的时候只能看着演员，"你不看演员还能吹好？"

从1979年开始，我陆续跟着沈传芷老师学了很多昆剧剧目，除了刚刚说的《思凡》，还有《琴挑》《断桥》《惊变》《埋玉》《痴梦》《描容别坟》《踏伞》等。他蛮喜欢我们这批孩子的，真的是倾注了所有心血，尤其对我、王如丹、王瑛，简称"三王"，对我们三个很照顾。我嗓子不太好，他很耐心，一直鼓励我，还根据我自身的条件和学习进度因材施教。比如我学完苏剧《醉归》后，沈老师特意教了我昆剧《受吐》。这两个剧目都是根据《卖油郎独占花魁》的故事改编的，剧情人物几乎一样，但表演方式、艺术风格各有特色，沈老师让我类比着学习，"他山之石，可以攻玉"，这样有助于加深认识，博采众家之长。

与我们同吃同住的"传字辈"先生还有倪传钺和薛传钢两位老师，他们主要是教男生的，教净行和生行的昆剧剧目。倪传钺老师写得一手好小楷，每天都会练字，说可以修身养性。那时学戏要求自己手抄剧本，修身养性小时候不懂，我就权当练字。

沈传芷老师会把自己的手折谱子借给我抄。我每次工工整整抄完，就包好还给沈老师。他还说："你留着好了，不用还回来。"但我总觉得这是老师借给我的，收下不好，就坚持还给老师。后来我们这班学生开始到各地去巡演，沈传芷老师也应邀去全国各个昆剧团教戏，有时候在湖南，有时候在南京，我们见面的机会就少了很多。我和沈老师保持通信好多年，他在信中还依然

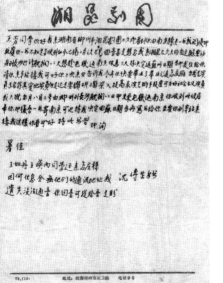

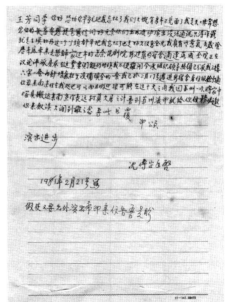

像以前那样，常常鼓励我，督促我好好练功，好好学戏，而我也会把自己的近况告诉他。如今沈老师已离我们而去，我只剩下和老师的部分通信，聊作纪念，我想，若是我当时留下了那些手折，现在就能多一点沈老师的笔记了。

我们入学第二年，开始加入了苏剧的学习。我先是跟蒋玉芳老师学习了《花魁记·醉归》。苏剧和昆曲还不太一样，单纯从唱的角度来说，苏剧要比昆曲难，因为它音域宽，调门高，小腔非常多，节奏也快。比如，昆剧一个音拖几拍；苏剧一个音有八分音符、十六分音符，时值短，还要转很多"弯"。如何圆润动听地转好这些"弯"，就需要合适的发声位置以及灵活的演唱技巧。《花魁记·醉归》中，花魁上场的一句"月朗星稀万籁幽"，仅"月朗星稀"四个字，我底下练习了不下千遍，就是为了找到"最优解"。

随着自己一天天长大和对戏曲艺术了解的深入，我才明白了顾老的良苦用心，我深知，从来就没有白费的付出，"唱念做打"一门功夫都不能忽视。"文而不温"，那些我披星戴月练过的武戏基本功变成了我文戏演出中扎实的基石，在昆曲和苏剧璀若星河的文戏中，我最终找到了自己的艺术归宿。

〢 四

启蒙老师，学艺与做人

刚进学员班时，我们班上一共有八个女生，教我们基本功的就是我的启蒙老师——施雍容老师。施老师是京剧演员出身，能文能武，最早她跟随京剧大师梅兰芳先生的亲传弟子魏连芳先生学过《霸王别姬》《贵妃醉酒》《天女散花》《凤还巢》等梅派剧目，所以她的身段非常具有"中正平和"之美。后来跟随方传芸、沈传芷、马义兰等名师学习了许多昆剧及京昆剧目，可以说是"文武昆乱不挡"。这样一位有着过人的基本功，师承众多名师，学习演出过无数剧目的优秀的上海演员，本可以有很多骄傲的资本，然而施老师却恰恰相反。她为人低调谦逊，不争不抢，不图名不图利，永远只想着做好自己分内的事情。她像妈妈一样关心我们，不光教表演技艺，还教我们如何做人。

施老师十分了解每个同学的性格，教学中很能抓住我们的心理。我刚开始练基本功的时候，看到很多同学身体条件比我好，我就很担心落后，只能拼命练。后来慢慢发现自己学得还算快，老师们也都夸我，我就有些懈怠了。施老师就说，你这个不行，那个也还不好。我心想：别人还不如我呢！施老师一眼就看穿了我的想法，很随意地对我说："我要求你与要求别人是不一样的。别人是一个标准，你是一个标准。如果你想要降低标准，那也是可以的。"我立刻紧张起来，依照我的性格，怎么可能降低标准呢？于是我收起懈怠，认真努力地学习训练。

我模仿能力比较强，一般看老师做了一遍的动作就能学会；但如果我的同学做错了被我看到，下次我再做这个动作时，就也变成了错的。这一点我也特别奇怪，自己明明知道这是不对的，但就是潜意识里会模仿，而且一旦做错了，那对的就怎么都回不来了。施老师看了都觉得无奈，于是每次再教动作的时候，她先示范，然后让我照着她的示范第一个做，如果做对了就要转过身去面对墙，不许再看别人做，免得我又学了错的改不回来。现在我教学生也会因人而异，老师的教学方法也影响了我。

《扈家庄》这出戏是施雍容老师教的，她不光在教学时细致入微，还善于调动学习热情和角色情绪。几乎很少听她说"你们要认真啊，要努力啊，要抓紧啊"之类的话，她常告诫我们的是——无论是演主角还是配角，在舞台上都是很重要的。当你是主角时，你站在中间；当你跑龙套时，虽然不站在中间，但你要让观众感觉到你应该站在中间，要让人家觉得你的艺术、技能、涵养各方面都优于别人，演员就应该演到这个程度上——你站在舞台上永远是你自己，不会因为演了配角就不是你了，应该更认真更投入。她的这番话，我直到今时今日一直记着，并同样告诉我的学生们。

我《扈家庄》首演的时候，曾经见惯大场面的施老师却紧张了起来。扈三娘是个"非正规军"的武将，身上的行头比较多——改良靠、蝴蝶盔、插翎子、系狐狸尾、佩宝剑。小时候我们学生根本就不会穿服装，都是伸着手，由盔帽、服装师傅来帮忙的。穿戴讲究很多，尤其是武戏演员，还需要很多小"机关"——比如狐狸尾是有小带子系着的，否则会散了；宝剑与剑鞘之间也是有小皮筋绑着，不然鹞子翻身时剑会出鞘。那时候条件不好，衣服和行头都已经很旧了，小"机关"偶尔会"失效"。

一场激烈的打斗下来，我领口的扣子松了。施老师在侧幕为我把场，我一下来她就赶紧叫我过去扣扣子，锣鼓不停在响，借助着舞台的灯光，我就在昏暗中看到施老师两只手一直在抖，抖到几乎拿不住纽扣，怎么系也系不上。后来是关松安老师跑过来帮我整理好，继续上场演出。

那时候我还很不理解施老师，自己"初生牛犊不怕虎"，兴奋得很，我上台都不紧张，老师又不上台，紧张什么呢？如今我也是老师了，看学生在舞台上演出时的心情深有体会——和普通看演出不一样！如果看到学生哪个动作做得不到位，不仅要一一记下来，我还不由自主地暗暗替他们使劲儿，身体就开始动。一想到后面观众可能会看到我的不自然，赶紧下意识放松，过了一会儿后背又自动挺起来了，开始纠结了。这一场戏下来是腰酸背痛，绝对比自己演出紧张多了，也累多了。

通过这次演出的"小插曲"，也随着自己慢慢长大，舞台经验越来越多，我不仅理解了老师的良苦用心，也深知作为一名演员，不仅艺术要过关，还要对化妆、造型、服饰等各个环节头脑清楚。尤其是排演大戏，每场中间需要抢妆的时候，里面穿什么，外面套什么，哪场直接脱，哪场需要换，道具放在什么位置等等，自己必须做到心里有数。剧场诸事繁杂，很多人需要兼顾多项工作，难免有所疏忽，如果自己不清楚，最后出丑的就是舞台上的演员。

施老师在艺术上对我们谆谆教导、严格要求，在生活的点点滴滴中，也给了我很多启迪。她常说：在台上演出时你要骄傲，但骄傲不是自大而是自信，要对自己的艺术有自信心，台上没有信心是绝对演不好戏的；但是，在台下你要谦虚，所有人都是你的老师。施老师的话对我影响很大，可谓是受益终生。

我在"倒嗓"声休期间，苏州市里举办了一次会演，我特别想参加。那时会演比赛的机会非常少，像市一级的会演要几年一次，省级会演要更多年，全国性的就更加少了。演员很少有机会展示自己，大家都把会演看得很重，都很努力地争取机会。当时我正在声休，团里就没让我参加，安排了其他同学，可惜没能取得特别好的成绩。会演结束后，施老师把我叫到房间对我说，我明白你的想法，也知道如果你参加肯定得奖，你要哭就在这里哭，但是人的一生不是只有一次机会。只要你想学，我就教；只要学好了，就会有机会。真本事是在舞台上，而不是舞台下。

苏州市青年演员会演我拿了一等奖之后，有一次我去食堂打饭，打饭的阿姨一般习惯把汤盛在饭盒里，而我不太喜欢这样，觉得饭盒里已经有米饭了，再浇上汤，混在一起黏黏糊糊的。于是我就和阿姨说，我想把汤放在盘子里，阿姨不肯，我一赌气就把盘子放下转身走掉了。当时，阿姨在食堂里逢人便说：

"王芳刚唱了一个戏就不得了了，不把我们放在眼里了。"

施老师知道这件事后，就把我叫过去给食堂的阿姨道歉。我当时很委屈，觉得自己并没有做错，为什么要道歉呢？老师说："你可以跟我解释事情的前因后果，但你不能跟每个人都去解释，那别人就会以为是你骄傲了。以后步入社会，更加不可能凡事都跟别人去解释，只能尽量做好你自己。"这虽是件小事，但给我的印象很深、影响很大，让我明白了一个道理，就是你无论是不是成功，都要平实地做人，要认真对待每一个人，尊重每一个人，尝试理解每一个人。

记得 1986 年，我获得了青年演员大奖赛的二等奖，被奖励了六百元奖金。那次比赛一共评选出一等奖两个、二等奖四个，那可是全江苏十几个剧种几十个院团共同参赛呀，我能得到这样的名次，应该还是很不容易的。但我当时的想法是，得奖是应该的，如果不得奖，这来之不易的参赛名额岂不是被我白白浪费了？于是得知获奖之后，我第一反应并不是开心，而是觉得终于完成了——团里有这么多人陪我演出参赛，但荣誉和奖金只给了我一个人。拿到奖金后，我就想应该大家分享。当时很时兴影集相册，我就给每个人买了一本，剩下一点钱买了糖果，一起都分给大家。

施老师作为我的启蒙老师，对我的影响是潜移默化的，她的隐忍、不争、谨慎多多少少都在我身上有所体现。尤其是在我"声休"期间，我在学校一周都不说几句话。如今，网络上总是会说"追求个性""做自己"，但随着年龄的增长，至少对于我自身来说，完全"做自己"是不太可能了，也许，这样的我其实就是"自己"。

第三章　起落沉浮

· 苏剧《孟姜女》剧照

一

迷茫，路在何方

进入学员班两年后，从 1979 年开始，我们班就在外面跑码头巡演了。演出日程一般是上午老师带着我们在剧场练功，下午休息、化妆，晚上演出。一年中有春秋两季在外巡演，一走就是两三个月：春季巡演一般过了春节，初三、初五左右就走了，时间长的话要到五一才能回来；秋季巡演是 9 月出发，到 11、12 月才回来。除了巡演，其余时间我们在学校学新戏，第二年再带着新戏外出。演出的剧目主要是新编历史苏剧和昆曲折子戏，剧目有《孟姜女》《白蛇传》《大闹沈府》等。

每到一地，学校会安排我们先连续演七八场苏剧大戏，最后再加一两场昆曲折子戏。虽然我们是"苏昆兼学"，昆曲打底子，但那个时候昆曲观众特别特别少，自然我们演的也很少。苏剧则十分火爆，我记得每次演苏剧，剧场里全部坐满，连过道里、边边角角上都挤满了人。那会儿剧场没有什么不能堵塞安全出口、防火通道的意识，只要有人想买票，剧场就卖，座位卖超额是常事。没有座位的观众就站着，只要不妨碍别人看戏，也不会有人来指责你。剧场里人挨人、人挤人，但又和和气气、热热闹闹。看着台下这么多观众，我们在台上演着也来劲儿，又都是年轻初出茅庐的学生，一个个全都卯着劲儿演。我们越认真卖力，观众也越鼓掌叫好，演员与观众相互"刺激"，观演氛围特别好。

有一次我们在常熟巡演，演了 9 场苏剧，收入却相当于 11 场的票房！这种场面一直持续到 1983 年，我记得那年的秋季巡演依旧和往常一样，还是场场爆满。转过来 1984 年，不知道怎么回事，市场突然就冷淡下来了。那年我们是正月初三开始出码头，去丹阳一带演出。本来按照惯例最起码要演五至七场，如果观众多就再视情况加演几场。可是我们在丹阳演了两场后就没人看了，于是只好转到下一个"码头"，也是演了两三场就演不下去了，无奈只好回苏州。回程的时候，大家还在七嘴八舌地讨论，有人说可能是地方选的不好，观众基础不够；有人说可能是剧目带的不对，不够吸引人。谁也没有想到，这是我们最后一次出码头。在接下来很长的一段时间里，戏曲突然失去了观众。

实际上，外面的社会已经完全不一样了，只是我们这些身在剧团的孩子还不懂。1978 年以来，我国开启了城市经济体制改革，形成了多种经济成分共同发展的局面。根据《中国青年报》做的一份调查显示，那个年代最受欢迎的职业排序依次是：出租车司机、个体户、厨师……最后才是科学家、医生、教师。

多元文化铺天盖地影响着每个人——每次去理发店烫发必须要排好久的队。最时髦的装束是喇叭裤、蛤蟆镜，再扛个双卡收录机。上舞厅跳交谊舞、迪斯科，成为当时人们最时髦的娱乐交友方式。电影创作空前高涨，《牧马人》《庐山恋》等兼具爱国及爱情题材的电影扎堆上映，还有中央电视台引入的外国连续剧《加里森敢死队》《血疑》等，人们一看就是一晚上。各种挂历、月份牌上，戏曲演员变成了影视明星，极大程度刺激着人们尘封了多年的感官。邓丽君的歌曲从 80 年代开始就已经传遍大街小巷。习惯了激昂的样板戏的人们，突然发现音乐还可以如此轻盈美妙。整个戏曲环境急速滑坡，别说苏昆剧没人看，所有戏曲剧种都没市场了。

1986 年，为改变这种现状，我们的老团长顾老创办了"星期专场"——每周固定时间，由我们这班青年演员在市中心观前街的剧场里，演出免费的折子戏。我还记得那个剧场原来是京剧团的地方，京剧团解散后，团址给我们苏昆剧团用。"星期专场"每周都会轮换不同的剧目，我们在剧场门口设立了一个捐款箱，给不给钱、给多少钱，全凭自愿，同时奉送一杯香茗。刚开始，一场还能有二三百观众，渐渐地人越来越少，到后来，甚至台下的观众比台上演员少，我心里非常难过。

回家后我偶尔会和先生发发牢骚，不知道这样的日子什么时候是尽头。我先生是能理解我的，他是我的同班同学，唱武小生行当，我学习《醉归》时搭档的第一个秦钟就是他。教我们这出戏的是蒋玉芳老师，她觉得我俩很合适，就撮合我们，懵懂中两人确立了恋爱关系。后来考虑到，如果婚后有了孩子，总不能两个人都在外面，谁来照顾家呢？他说："你在演员这行比我有前途，我来照顾吧！你踏实去演出。"当时新华书店和我们剧团是同一个系统，他申请了内部调动，离开了剧团，去新华书店工作。没想到的是，他调走了，戏曲环境没落，剧团反而不用再出码头了。

没有观众，看不到出路，前途未知，我们班许多同学相继转业了。剧团的人越来越少，时常还有坏消息传来——先是苏州京剧团解散，接着苏州沪剧团解散，然后苏州越剧团也解散。每听到一个剧团解散，大家心里就咯噔一下，都在猜测，苏昆剧团会不会也解散呢？

当时省里一年固定给剧团十二万元，这些钱需要支付全部演职人员的工资、购买服装道具的费用，以及演出工作中产生的差旅水电费等等，一个剧团一年的全部开销就全靠这十二万。这肯定是不够的呀，我们就要靠演出卖票来赚钱。要是卖不出去票，演出反而变成了赔钱的事。我们那时说："多演多赔，少演少赔，不演不赔。"开始大家还去上班练功，后来逐渐就不去了——又没有演出，你去练功房还要开灯用电，那不是给单位额外增加开支么？最好就是小年夜大家聚餐吃顿年夜饭，领到一年的薪水，然后散伙回家，都不要给剧团增加负担。到后来，越来越困难，苏昆剧团的大楼改成了招待所，我们很多的老师就在招待所做服务员。那时剧团的办公地还有一处，就是现在江苏省苏州昆剧院的地址，距离苏州火车站非常近，许多骑三轮车的车夫在火车站接了人就直接拉到我们剧团的招待所来，招待所反而比剧团都有名气。

日子一天天过，剧团就这么勉强支撑着，作为演员，我的内心却越来越煎熬。自己每天都在想，离开了舞台，我还有什么价值呢？不当演员，我还能做什么呢？所有的过往都像一幕幕电影，在我眼前闪现——小时候学戏的日常、邻居们对我的夸奖、舞台上的英姿飒爽、观众们热烈的掌声、爸爸妈妈骄傲的神情……突然一切都不复存在了。有时觉得还不如毕业之后去做一个工人呢！工人就算生产一颗螺丝钉，都能派上用场，可我现在能做什么呢？我总不能说我来唱一段吧！就算是唱，都会有很多人嫌"你们戏曲的节奏太慢了"，一下觉得自己好像成了社会最底层，每个月拿几十块钱的基本工资，对社会没有任何贡献。就这样自我怀疑和焦虑持续困扰了我很久。

二

"出走"的日子

1988 年年底，一件事打破了僵局——爸爸的一个学生到家里找我，希望我可以在演出之余，在她的婚纱摄影公司帮些忙。我记得她只比我大一岁，非常漂亮，以前是苏州越剧团的演员。越剧团解散后，她去了一家中外合资的婚纱摄影公司工作，准备去香港定居。婚纱摄影公司的人手不够，她就想到了我，因为我们都是一个系统内的，她对我们剧团的情况也非常了解，知道我的处境。但不凑巧的是，我刚接到演出任务，在外出差，她就和我先生说明了来意。那时联络没有现在这么方便，我先生就替我暂时答应了下来。

回到家一听，我第一反应是不行——以前的政策禁止"两手抓"，如果你有工作单位，不允许再兼一份工，被发现是要被单位开除的。其实是我不知道，当时这个政策已经放开了。

我就开始了新一轮的思想斗争——戏曲是我从小学习的艺术，很喜欢，也一直把它看得很高，对我而言，当演员绝不仅仅是一种糊口的手段。虽然私下里也会想剧团解散了该怎么办，但我一直很坚定的就是绝不会为了谋生而降低艺术品位。那时社会上的歌厅很多，很多演员都去歌厅唱歌。我个人完全不反对唱歌赚钱，这是一种正常的谋生手段。但我情愿出五十元钱自娱自乐唱一首歌，也不愿意让别人给我五十元钱点我为他唱一首歌！

想了很久，最终下定决心，要和妈妈一样，学一门实用的技术，最起码将来可以当作糊口的手段，那干脆就去婚纱摄影公司工作吧！于是，我从最基础的工作做起，剪胶片、理底片，到整个柜台接待、化妆、造型、发型设计，到给消费者指导摆动作等等。

我上午去剧团练功，下午到婚纱摄影公司工作，两边跑，虽然当时几乎没有演出，但还是没有完全放下，对演出抱有希望，总想着万一哪天让我演出怎么办？万一让我演《扈家庄》怎么办？今年市场不好可能明年好，明年再不好或许后年就好了呢，身上的功可不能停！每天早上，从家里骑车到剧团，中午从剧团骑车到婚纱摄影公司，晚上再从婚纱摄影公司回家，这样的路程我一走就是几年。本以为这条路我会一直走下去，但团里陆续发生的一些事让我经历了人生洗礼。

那个晚上，我坐在爸爸身边，喃喃地说："爸爸，你帮我写一份辞职报告吧。"爸爸沉默了良久，问我："芳芳你想好了吗？咱们是折腾不起的。"我点点头，爸爸缓缓落笔。1992 年，我向团里递交了辞职报告。当时的团长褚铭老师再三劝我留下，然而我心意已定，坚决请他把辞职报告递交到分管剧团的文化局。没想到局里没有批复，只给我办了"停薪留职"。

讲到这里，我真的打心底很感谢当时帮助过我的老师和领导们，虽然那时我很倔强，一心想要离开，但他们从没有放弃我。褚铭老师一直在努力为我创造机会，有重要的演出就会推荐我去；当时苏州文化局有一位老领导陆凯，他在我提交了辞职报告后，依然为我申报了国务院特殊津贴，并顺利成功。1987年我在北京演出《醉归》之后，许多戏曲界的老前辈如阿甲、张庚、郭汉城、刘厚生等，都很欣赏、鼓励我。我后来的一些成绩，与当年这些老师、领导的帮助，都有着密不可分的联系。

1992年"停薪留职"期间，我安心在婚纱摄影公司工作，我相信任何事情只要静心做，就能做得好，婚纱摄影公司的化妆造型也是一门艺术。在剧团时，都是别人导演我；在婚纱摄影公司，是我导演别人。这对我来说无疑是一种角色的转换，通过这种转换，我的心结也在慢慢化解。

三

剧团第一个"梅花奖"

人的心一旦慢慢打开了，机会就会垂青于你。我是1988年评上"国家二级演员"的，那是国家第一年恢复职业职称评定，我成了当时全省最年轻的二级演员。

1994年，褚铭老师找到我，让我去北京参加全国昆曲会演。我从没参加过全当主演苏剧《醉归》的青年演员王芳登台亮相的瞬间，她那双含蕴的"醉眼"，几个朦胧的"醉步"，一曲水灵灵的声腔，顿时，使有限的舞台空间闪烁着无限的艺术光辉！

——晓柯

国性质的演出，只有 1987 年去北京演过一次苏剧《醉归》，那次得到了很多戏曲前辈的认可，我记忆犹新。褚铭老师找我的那一刻，之前给自己建立的所有心理防线瞬间塌陷——我内心确实很思念舞台！也想让大家知道，除了《醉归》，我的昆曲演得也不错！我二话没说，立刻开始回团排练，准备去北京演出昆剧《寻梦》。

1994 年 6 月，首届全国昆剧青年演员交流演出大会在北京举行，共有北方昆曲剧院、上海昆剧团、江苏省苏昆剧团、江苏省昆剧院、湖南湘昆剧团、浙江京昆艺术剧院六家专业昆剧院团以及中国戏曲学院、日本昆剧之友共八个参演单位，选派出 96 名 18 至 35 岁的青年演员，汇报演出了 64 出传统昆曲折子戏。我仍然记得当时的情景，那是昆曲在萧条冷落多年后，历时半个月的急剧升温。几百位昆曲工作者相聚北京，演出、观摩、学习，在通讯传媒都没那么发达的 90 年代初期，大家彼此都不太熟悉，但又仿佛是多年未见的老友，互相招呼着、交流着，早已波澜不惊的我，心中泛起了一丝涟漪。最终，经过 15 位专家评委的评审，在闭幕式上评选出 6 位兰花新蕾、7 位优秀新蕾、8 位兰花之友、31 位兰花表演奖、31 位优秀表演奖、12 位兰花最佳表演奖。我有幸获得"兰花最佳表演奖"，并忝列旦角行当榜首。

北京出发前，局领导决定除了参加全国昆剧青年演员交流演出之外，还要为我举办折子戏专场，借此机会来申请中国戏剧最高奖"梅花奖"。"梅花奖"的申报条件之一就是演员必须在北京演场大戏或折子戏专场。那个时候地方院团晋京演出并不是件容易的事情，领导希望我趁着北京演出的机会，在北京举办专场。剧目的选择上，除了我的拿手剧目外，还要尽量少用人。最终选定了两出昆剧独角戏《思凡》《寻梦》，一出苏剧《醉归》，作为我"申梅"

专场的演出剧目。

我还记得北京 6 月的天气，干得像要把人身上所有的水分都蒸发掉一样，演出的时候我感觉嗓子冒火，口腔里一点口水都没有了，上下腔像要把嘴巴粘起来。每折一下场，就赶紧喝水。专场演出结束后，回到苏州，大家各自散去，又开始了各忙各的日子，我也继续回婚纱摄影公司上班了。

虽然心里明白"梅花奖"对戏曲演员的重要性，但不敢抱有太大的奢望。1994 年底，好消息传来，我获得了"梅花奖"那一刻仿佛昨日一样，记忆犹新。从不敢相信到确认事实，反应了好久！后来，听当年的评委老师说，其实在 1987 年去北京演出苏剧《醉归》的时候，局里就已经为我申报了"梅花奖"。虽然受到了广泛好评，却由于种种原因，苏剧大戏《五姑娘》没有演成，评委们觉得我不能单凭一折戏来申报，就没有得奖。遗憾的是后来再也没机会去北京演出，这件事就一直搁置到了 1994 年。我十分感谢当时局里和团里的决定，让我在七年后捧得"梅花"归。

获奖后，我是团里第一个"梅花奖"演员，也是苏州市最年轻的"梅花奖"得主，这些都离不开那么多老师和领导一直以来对我的关心鼓励，他们不断给我机会，为我铺路，才有我今天的成绩。回忆过往，我内心很愧疚，如果还是坚持离开剧团，放弃艺术生命，那就不是我一个人的事了。不能辜负那些关心过我的人，我对昆曲和苏剧也多了一份责任。突然间我就豁然开朗了，

当时没有任何人做思想工作，我就从婚纱摄影公司辞职，重回剧团。

获奖后，当时中央电视台采访我：有些年轻演员认为有老一代艺术家在，就会压着自己，使自己没有机会展示，问我的感觉是什么。我告诉他我的想法刚好相反——正是因为有老一代艺术家在，才有我们的今天。他们把毕生积累，直接交给我们，不用再走弯路。我们跨出的每一步，都是在他们的经验上走过来的，否则我们永远也达不到现在的状态。现在，我常常对小演员们讲，你们要珍惜，趁着现在不断充实自己，多向老师学习请教，有文化、有技艺，才有吸引观众的本钱，否则青春转瞬即逝，你立刻会被淘汰。

1995 年，我正式回到团里上班了。当时大环境依旧不见起色，剧团跟公安、消防等政府部门合作，排一些定向戏，演出的时候相关部门包场观看，这样风险低一些，也能够缓解一些资金困境。我参加了方言剧《都市寻梦》的排演，并在苏州周边市县演出。这部戏讲述的是"外来妹"到城里打工的故事，表现了改革开放后新生的城市建设者的崛起以及他们的贡献和理想追求，题材很应景，大家反响也都不错。

1996 年，团里安排这部戏去北京演出，但前提是要改为昆剧。这一改一排再晋京，我有点犹豫。当时我已经三十多岁了，一直在备孕，前面已经相继有两个孩子流产了，如果排练或演出期间我怀孕了，那怎么办？

为了让我能参加演出，褚铭团长和当时的党支部书记，也是我的同班同学吕福海，两人一起做我们夫妻的工作。我还记得他们两个人专门请我们在一家西餐厅吃饭，商议这件事。那个时候吃西餐还是挺稀罕的事情。褚团长说这部戏对团里十分重要，不仅仅是去北京演出大戏的机会难得，更重要的是文广局当时准备给这部戏的创排经费有二十万之多。当时一年的拨款经费才十二万，如果有了这二十万，能给团里解决很大的财政危机。如果我不参演，这部戏就没了，这笔经费自然也就没了。排练加演出，前后也就一个月的时间，不会影响太大的。

当时我和先生都非常想要一个宝宝，但最终先生沉默了良久，还是点头同意了。我知道，他这是对我艺术生命的支持，更是对昆曲艺术、对苏昆剧团的支持。他是我的同班同学，我们一起学戏、成长，虽然他后来转业去了新华书店，但对团里的情况很清楚，也对团里依然有着深厚的感情。

说来也巧，真的就在这次去北京演出《都市寻梦》的时候发现自己怀孕的。我以前从来不吃香菜，点菜的时候忘记跟服务员说了，于是端上来一碗飘着满满香菜的鲤鱼汤。想着要不就凑合喝一口吧，结果居然发现很好喝，还让服务员再给我加点香菜。另一个变化就是，我以前很爱吃北京烤鸭，这次却吃不下去，觉得特别油腻，看见就想吐。这两个饮食上的变化让我怀疑自己怀孕了，回到苏州就赶紧去做检查，发现是真的，全家人都高兴坏了，立刻对我实施了"保护措施"。同时听从医生的建议，回家养胎，一直在床上躺了六个月。

1998 年，俞玖林、翁育贤他们这班"小兰花"的演员毕业入团，团里也开始在周庄的小舞台上长期驻演传统折子戏。演出加传承的工作，让我的生活又重新被艺术填满。

∥ 四

变故与成长

世界在变化，我的世界观也在变化。小孩的出生和家里亲人的变故，改变了我的许多看法。人生真的很短暂，充满了不确定因素，怎样对待生活中的每一部分，过好每一天，这很重要。

1986 年，省里举办了第一届青年演员大奖赛，当时由褚铭老师带队，我以苏剧《醉归》获得了二等奖。1990 年，省里举办了第二届青年演员大奖赛。经历了四年的学习积累，我认为艺术水平是有所提高的，就想在这一届去争取一等奖。可不巧的是，排练时我意外地发现自己怀孕了。当时已经 28 岁，该考虑生小孩了，但很想去参赛，又怕先生不同意，就自己偷偷地去做了人流手术。那时候，我刚刚跟张继青老师学了昆剧《牡丹亭·寻梦》，对自己很有信心，觉得只要演这个就肯定能拿奖。后来团里说，参赛不能演昆剧，要演苏剧。我只好听从了团里的安排，用不到二十天的时间排演了苏剧《昭君出塞》——这出戏是临时根据昆曲改编的，除去改剧本，真正的排练时间也不过十几天。加上刚做完手术，身体素质不好，这又是一出需要几个演员互相配合的戏，表演难度比较高。最终效果自然不会太好，结果就只获得三等奖。比赛回来后，心里很难过，也不敢跟先生讲，所有的情绪只能一个人生生咽下去。

时隔近六年，我才再度怀孕，后来又不慎摔了一跤，孩子就小产了。当时非常痛苦，等怀我现在这个儿子时，家里人都把我当宝贝一样，我一度胖到150斤。

没想到这仅仅是磨难的开始。在我怀孕5个月时，公公因为感冒患上心肌炎，突然去世了。孩子出生后，为了方便照顾我和孩子，我父母特意把房子换到了我家马路对面。孩子7个月大时，我爸爸白天在我家帮忙照看，晚上回家过马路的时候被一个酒驾的司机撞倒，去世了。孩子13个月大时，婆婆查出胰腺癌，不久去世。家里三位老人的相继去世，给我带来了莫大的打击。

尤其是我爸爸，设计了一辈子房子，买了一套新房，只住了五十天！我还记得那天是公布苏州市人大常委名单的日子，那是我第一年当选。爸爸一直以来都有收集关于我的剪报的习惯，那天他去买报纸，小区附近的报亭转了个遍也没买到，姐姐和外甥女还答应爸爸第二天去单位找，然而他却再也看不到了。

经过一系列变故，家里亲人一个一个地离去，我觉得我们要珍惜现在，珍惜缘分，珍惜机遇，珍惜身边的一切。

第四章　昆曲回暖

⊪ 一

"非遗"前后

直到 20 世纪 90 年代末，昆曲一直处于没什么演出市场的状态。当时文化部成立了"振兴昆曲指导委员会"，每年都会举办会议，相关专家领导集中在一起商量昆曲的走向，指导各个院团的业务，给我们出谋划策。几乎每次开会大家都反复提及要举办重大的昆曲活动。郭汉城先生、刘厚生先生等戏曲界的前辈也一直在呼吁，昆曲要重新回到观众的视野，必须举办重大的演出活动。但是这样的活动需要一笔资金来支撑——全国所有院团齐聚一个城市，人员费用、剧场费用、组织协调等等问题，都不是件容易的事。

1999 年，时任苏州文广局局长的高福民参加了振兴昆曲指导委员会会议，在会上，举办大型昆曲演出活动的事被再次提及。高局是土生土长的苏州人，对苏州文化很了解，对昆曲有着深厚的感情。经过多方努力，由文化部、江苏省人民政府、苏州市人民政府主办，文化部振兴昆剧指导委员会、江苏省文化厅、苏州市文广局、昆山市人民政府承办的首届中国昆剧艺术节（下称"艺术节"），计划于 2000 年 3 月 31 日至 4 月 6 日期间，在苏州市举办。每三年举办一次，落户苏州。

那时全国性的昆曲展演非常罕见，每个人都很想争取到这个机会，演什么？怎么演？大家开展了讨论。我是团里唯一的"梅花奖"，艺术处于成熟期，是苏州昆曲中生代的代表，团里要我拿出一台剧目来。当时我第一想法是演张继青老师教我的全本《牡丹亭》——这是昆剧中最经典剧目之一，自从我学习完之后，演出全本的机会不多，基本都是只演折子戏，我想趁着这个机会再打磨一下细节。

顾老直接提出了异议，他说《牡丹亭》会和别的剧团有重合，上海昆剧团有上中下三本的《牡丹亭》，是蔡正仁、张静娴二位老师主演的，这样会显得我们稍微有些单薄。我觉得顾老说得很有道理。当时领导觉得，我们是苏昆剧团——苏是苏剧，昆是昆剧，苏剧又是"天下第一团"，苏昆不分家，借此机会也要推动苏剧，就决定让我演《花魁记》。除了我们，浙江昆剧团也是有昆有苏，他们前身叫"国风昆苏剧团"，著名表演艺术家汪世瑜老师刚进团的时候也都是昆、苏兼学的。老一辈专家演员都了解这段"姻缘"，在昆剧节上演苏剧并没有什么不妥。

就这样，我主演的苏剧《花魁记》作为开幕大戏，拉开了首届中国昆剧艺术节的帷幕，最终获得了"演出特别奖"，我获得了"优秀表演奖"。除此之外，苏昆剧团还有一台"弘字辈"主演的昆剧传统大戏《钗钏记》，一台"扬字辈"主演的全本《长生殿》，分几组唐明皇和杨贵妃，集中展现了昆曲新生代力量的整体面貌。这两台剧目都获得了"优秀古典名剧展演奖"。

这次艺术节是我记忆中自1994年全国昆剧青年演员交流演出大会后的又一次全国性的昆曲盛事。除了苏昆剧团选送的三台剧目外，江苏省昆剧团演出《桃花扇》《看钱奴》，上海昆剧团演出上中下三本的《牡丹亭》，北方昆曲剧院演出《琵琶记》，浙江京昆艺术剧院昆剧团演出《西园记》，湖南昆剧团演出《荆钗记》，浙江永嘉昆剧传习所演出《张协状元》。另有展览演出与祝贺演出剧目，浙江艺术学校昆剧班演出《牡丹亭》，昆明昆剧古乐研究会演出折子戏专场，还有顾铁华与江苏省昆剧院合作演出折子戏专场——每个院团都拿出了最具特色的代表作，熟悉昆曲的朋友光看这些名称，就能大概猜到是由哪个团演出的。由于传统戏居多，对舞台硬件的要求也不像现在这么高，哪个剧场都能演，拆台装台也很快。大家每天在各个剧场之间跑来跑去，互相交流学习，真的很充实很开心。

除了演出，艺术节还有一个重要环节是座谈会，会上邀请了戏曲界的专家学者和演员共同讨论演出的优缺点，这不仅提高了我们的演出水平，也为昆曲日后的发展谋划出路。由于艺术节是第一次举办，领导很重视，不仅文化局的领导来参会，就连我们苏州市政府的分管副市长也来了。那场会议谈到的问题很多，大家虽然不吝表扬之词，但对于演出中的不足，也都客观、直接地指出。

我对这次会议的另一个记忆点，是我们的"传字辈"老先生倪传钺老师。苏州市作为中国昆剧艺术节的主办城市，收获了大家的一致好评，毕竟这样的大型活动已经被呼吁了很久，却迟迟没有办。苏州市政府顶住压力承接此事，对昆曲艺术的发展起到了重要的作用。大家除了称赞这次活动举办得很成功之外，还称赞了苏州的风土人情。在一片赞扬声中有人提了一句，如果这个活动再早十年，那会更加精彩——过去的十年是昆曲市场最不好的十年。其实不仅仅是昆曲，所有的戏曲都不景气，可以说是经历了萧条冷淡的十年。

话锋一转，大家的称赞瞬间变成了你一句我一句的牢骚，专家领导不好接话了。这时候倪传钺老师接话说："我来说两句"——当时倪老师已经93岁高龄，老前辈一开口，大家自然都安静了下来。

"我记得当初呢，我们要靠演戏吃饭。但演出，也不一定有饭吃，因为不一定有人买票看戏；但你若不演出，那一定没饭吃。共产党好啊，现在就算不演出，也有饭吃。"

倪老师的话深深触动了我，老一辈人那么的平凡质朴，他们的"感恩心"，值得我们学习一辈子。这番话让现场爆发出阵阵掌声，我想，有这样的老艺术家为我们指路，昆曲的前景一定会好起来！

2001 年 5 月 18 日，对昆曲艺术来说是值得载入史册的日子。联合国教科文组织当天在巴黎宣布了首批"人类口头和非物质遗产代表作"，中国的昆曲在 19 个入选项目中名列榜首。消息传来，我的第一反应并不是开心，名录中的"遗产"二字刺痛了我，昆曲明明好好的，前一年刚举办了昆曲艺术节，怎么就是"遗产"了呢？我当时还不知道这意味着什么，也完全想不到这是昆曲重回大众视野的新开端。

国家、省、市先后出台了一系列保护扶持政策，外界也突然开始关注昆曲了，先是社会和各路媒体带着疑问而来，什么是"非遗"？为什么被评为世界"非遗"？这门艺术究竟好在哪里，又为何濒危？疑问过后，陆续有人走进剧场，看过后反响很好。接着，越来越多的人成了昆曲戏迷，开始痴迷于这门艺术。

国家也越来越支持戏曲艺术，出台了一系列相关政策，要求传承发展、出人出戏。我恍然想到，在昆曲刚被列入"人类口头和非物质遗产代表作"的时候，当时就有领导说："王芳，你要相信，以后你们会忙到来不及演出的！"经历了十几年戏曲低迷时期，遭受过各种打击的我暗自揣测，真的会有那么一天吗？

ⅲ 二

《长生殿》与"二度梅"

昆曲被列入"非遗"后，为了让昆曲能得到更好的发展，2001 年 11 月，江苏省苏昆剧团改名为江苏省苏州昆剧院、江苏省苏州苏剧团（筹）。原来，苏昆剧团是省属剧团、市属管理，这次改团建院后，直接交由苏州市直管。

此后，大环境逐渐好起来，2002 年我任昆剧院副院长的时候，院里的资金虽然比之前宽裕了许多，但要排一出大制作的戏，还是远远不够的。

2003 年，台湾"石头书屋"的主人陈启德先生出资，想排一部昆剧《长生殿》。他在全国寻觅了很多院团，经贾新园介绍，来苏州找到了顾老，邀请他担任总导演并进行剧本改编。顾老决定由我和"承字辈"的赵文林老师分别演杨贵妃、唐明皇。当时我 40 岁整，赵文林老师 55 岁，无论在年龄上还是艺术成熟度上，都比较合适。该剧还邀请了曾获奥斯卡"最佳美术设计奖"的叶锦添先生担任舞美和服装设计，由我和赵文林老师担任主演。

《长生殿》历来都有不同的演法，大部分是选几出舞台上常见的折子戏串演而成，对剧情连续性和人物完整性考虑得比较少。我们这版《长生殿》是紧紧扣住唐明皇和杨贵妃的"钗盒情缘"的主线，突出爱情主题，从戏剧整体构思出发来节选整理的。

大部分观点认为《长生殿》是政治历史主题，或者认为有爱情和历史两个主题。在剧作和昆剧舞台上，也有不少关于家国忧愤的经典回目，比如《进果》《弹词》等。然而洪昇在第一折开头和最后一支曲子《尾声》中都一再强调了对爱情的赞美——"要使情留万古无穷"。这和汤显祖的"至情"观念以及白居易的《长恨歌》一脉相承。他们是帝王家，他们的爱情必然会和政治历史发生种种联系。那我们就把"安史之乱"这些社会政治生活的场面，退到背景中去，作为爱情故事的广阔场景，点到为止即可。

当然，这不仅是为演出时间考虑，也要考虑到剧目的完整性。该剧分为上、中、下三本，紧紧围绕一个中心，情节环环相扣，剧情连续发展，形成完整的长剧——从定情、密誓，到埋玉，再到杨贵妃死后两人的隔空思念怀恋，最后这种真挚的感情使他们终获团圆。

1949年后，历次改编版本的《长生殿》只是演到《埋玉》，最多再加一折《哭像》。大家都认为《埋玉》之前两个人的爱情已经表演得淋漓尽致了，后面无戏可演。其实《埋玉》仅为第二十五折，是全剧五十折的半数——前面是唐明皇杨贵妃多姿多彩的爱情生活，后面是生死两相思的刻画，两个人无论生死，两情不渝，是长生永恒的。

顾老将后面两情相思的戏和生前的爱情生活戏，处理得同等重要。我们从原本后二十五折中新选了十一折，有《冥追》《闻铃》《哭像》《情悔》《尸解》《重圆》等，突出"钗盒情缘"。其中更为重要的是，要突出杨贵妃的忏悔和唐明皇的追忆。整个后半部是一折一折的抒情场，尽管没有外部的戏剧冲突，但杨贵妃内心充满了对"钗盒情缘"的寻觅和呼唤，全部都是内心的悲剧冲突。

如果说前半部分《定情》《密誓》《惊变》这些有传统舞台范本的回目为杨贵妃这个人物奠定了基调，那么在后半部分，只有曲谱没有舞台传承的这部分，就是一个完全新捏出来的杨贵妃。无论是服饰、头纱等形象设计，还是调度、水袖、身段、音乐伴奏、灯光舞美等，都是精雕细琢过的，都是为了捏出一个为爱忏悔、寻觅的悲剧形象。这个形象和前半部"三千宠爱在一身"的娇媚、优雅、高贵的杨贵妃既统一又有区别，后者是从前者发展而来的，前后浑然一体，完成一个复杂多面的、带有悲剧人文色彩的杨贵妃形象。

顾老对剧本的整理遵循只删、不增、不改的原则，精选了原作中的二十七折；唱谱均按照旧谱，其中《霓裳羽衣曲》采用了吴梅先生整理的旧谱；表演上，凡是有"传字辈"传承下来的折子都按照传统的路子演。后半部没有范本的，就按照传统"捏"，与前半部协调一致，不搞新创。

顾老凭着自己多年从事昆曲工作的丰富经验，又邀请了许多已经退休的老师

和专家协助。他对人物内心体验非常重视，虽不会手把手教身段和唱念，但会非常细致地给我们整理人物的线条脉络——你要通过自己的理解，再运用艺术方式呈现出来；我们演员的自我发挥程度还是很高的。

因为当时团里同时上青春版《牡丹亭》和《长生殿》两个大戏，而且都是上中下三本的大剧组，团里的排练厅完全不够用，顾老就安排我们在昆曲博物馆前的空地上排练。通常上午，我和饰演唐明皇的赵文林老师、饰演高力士的汤迟荪老师，三个主演一起排我们自己的戏，下午我们就去昆博演给顾老看，并且参加群场的排练。

顾老还把张善鸿老师请来做技术指导。张老师是著名的京剧武生，"武生泰斗"盖叫天先生的嫡孙，在他的协助下，剧中一些群戏、武戏进展都非常顺利。

原计划这个戏 2003 年当年就要去台湾演出的，但是当时赶上了"非典"，于是大家就继续精雕细琢，慢工出细活，排了整整一年时间，这在如今是不可想象的。

这个戏还给我留下了一个跟随我终生的"印记"——虽然我现在非常希望这个"印记"快点消失，那就是鼻炎。我们整整排了一年，苏州的春秋都是很舒服的季节，夏季闷热的时候只要到有遮挡的阴凉处就还好。最痛苦的是冬天，就算是阳光特别好的日子，在露天的空地排练依旧很冷，更何况苏州的冬天有阳光的日子不多。

江南的冷不是北方大风凛冽的干冷，人们只要进了有暖气的屋子瞬间就可以把厚衣服都脱掉，就能暖和过来。江南的冷是一种浸入骨髓的湿冷，而且屋里还没有取暖设备，室内室外一个温度。我清楚地记得，2003 年的整个冬天我的感冒就没有痊愈过，刚刚有点起色，一排练就又会加重，如此反复。

我由于感冒总不好，患上了鼻炎。只要有冷热交替刺激，就像水龙头打开了开关，鼻涕不听话地流出来。在生活中无所谓，最痛苦的是在舞台上，只要灯光一照，加上一身行头还要载歌载舞，特别的热，我就控制不住地开始淌鼻涕了。要顾及形象，还要顾及唱念、情绪，一下给我增加了很多负担。

做演员真的很无奈，很多东西不是你能控制得了的，但观众看到的却只有你，稍微哪里不对，出丑的就是演员。当然，如果每个细节都做好了，光鲜亮丽的也是演员，比如，《长生殿》的服装造型和舞美由叶锦添先生设计监制，很有看点。

最初，陈启德先生很担心叶锦添先生与顾老一个前卫、一个传统，在舞美和造型的问题上会有冲突。结果二人交谈不到半小时，就达成了一致。顾老当时有两个要求：一是舞美设计不能与表演发生关系，要给演员充分的空间；二是李杨二人在人间的服装要遵循传统，在天上的服装可以任意发挥。叶锦添先生对此欣然接受，他虽不是戏曲圈内人，但对传统艺术却很有自己的见解——他说要做"比传统还传统"的昆剧。

叶锦添先生主导，戏服不能是"只可远观"的——《长生殿》中的一百四十套服装每一件都是叶先生亲自设计的苏绣精品，甚至可以成为博物馆中的展品。剧中，全堂红、全堂黄和全堂白三个经典场景串联起了唐明皇与杨玉环从大婚到宫廷生活，再到两人在阴阳两界的追忆。

叶锦添先生在接受采访的时候说道：

"这并非我在戏曲美学观念上的创新，这是一百多年未见的演出方式，是回归传统的一种演法。我对创新这个词非常敏感，因为一般人分不清创新与西化的概念，认为创新就是西化，这是完全错误的，所以我说这次我想做的是比传统还传统。我在细节上苛求完美，在连线与行针上都要求精确，比如我们这次衣服上的龙都是盘金的，以往只有主演身上的衣服是这样的。"

他是这么说的，也是这么做的，那时候他刚获得了奥斯卡奖不久，名声大噪，但低调、真诚，经常向我们请教舞台知识，还总是"泡"在服装厂里，看着苏绣师傅们一针一线的工作。时间成了最好的证明，二十年过去了，叶锦添先生设计并监制的那些服装、头面，至今依旧精致细腻，既符合传统美学，又闪耀着别出心裁的创意。

比如，我在"小宴"中戴的那顶凤冠一直被不少人津津乐道。它上面的珠子

全堂红
全堂黄
全堂白

都是叶先生一颗一颗亲手挑的，材质是玻璃的，光泽度特别好，数量上也做了恰到好处的调整，衬托得杨贵妃格外雍容华贵。可惜随着使用中的损耗，珠子碎掉后再也配不到，这顶凤冠现在无法再戴了。

《长生殿》的舞台以古戏台为结构设计而成，外框覆盖了一副花架木雕，上面刻有戏曲故事，间杂着工笔彩绘的花鸟、竹叶等图案，营造出一种老戏楼古朴的味道。表演区，叶锦添先生向顾老承诺遵循传统形式——我们保留了"一桌二椅""出将入相"，并恢复了检场；灯光恪守照明的基本功能，不和观众争夺注意力；乐队也是传统的。

脱离昆曲之外，我们希望带给观众中国古典艺术的精神——辉煌与淡雅、激情与含蓄的平衡，内敛的表达、细微的情趣，舞台是纯粹的、真切的，演员追寻的是表演的韵味，为观众创造无限的遐想空间。

2004 年 2 月，三本《长生殿》在中国台湾首演，并举行了各高校的巡演活动。刚到台湾，我就经历了一件让我至今想起来仍后怕的事——急性腹泻。也许是水土不服等原因，彩排结束后，就感觉不舒服。当时是深夜，拿不到药，等第二天拿到药时已经来不及了。到《定情》一折时，刚开场唐明皇才上台，在侧幕候场的我突然感到腹痛，我和演永新的王瑛说："我受不了了！"她着急地说唐明皇那段唱才五分钟，来不及了！没办法只能硬撑着登台，屏住呼吸，照常唱念，我不停给自己心理暗示：一定要演下来，要投入！最终撑了一个半小时，撑到上半场结束。从那以后，我只要离开苏州演出，就会特别注意饮食，防止类似情况再发生，那感觉实在是太痛苦了。

除了这个小插曲外，让我震惊的是台湾昆曲市场之红火，昆曲艺术重新得到大家青睐的欣喜。那是昆曲被列入"非遗"名录后，我第一次感受到如此持续的、高涨的观众热情。演出开始前就一票难求，每每谢幕之时，满座的观众爆发出长时间的掌声，久久不愿离去。大幕不得不闭合后又开启，再闭合再开启，反复两三次。我当时想，这里的观众真是懂戏、爱戏的，不知道何时我们大陆的演出市场也能如此？

完全让我意想不到的是，这一天很快就来了。早在我们排练的时候就有计划要去北京演出。当时顾老和我的想法是，戏曲演出在北京的首选肯定是长安大戏院——这是一所历史悠久的专业戏曲演出剧场，地处长安街，位置极佳，能在这里演出意味着剧目本身的过硬质量。让我们唯一担心的是，长安大戏院的观众席有八百多个座位，全靠卖票的话，能有多少上座率呢？

叶锦添先生的想法却相反，他说，要在保利剧院演出。保利剧院是北京当时最大、最新的剧场，2000 年刚刚重新装修过，可容纳一千四百余位观众，硬件设施先进，不少享誉盛名的国内外艺术团体都在此登台献艺。八百多个座位的长安大戏院我和顾老都怕坐不满，却要在座位数近两倍的保利剧院演，这能行吗？叶锦添先生十分坚持他的想法，就这样提前预定了北京保利剧院的档期。

与此同时，局里领导让我凭借该剧申报"二度梅"，这让我觉得更加不可能了——"二度梅"的竞争可比"一度梅"激烈得多！全国那么多优秀的戏曲、戏剧演员，每年只有两个"二度梅"名额，按照惯例都是戏曲一个、戏剧一个，何况有的演员已经不是首次申报了，我对自己真是没有什么信心。

领导则认为这个剧目够分量，并且我的艺术也到了比较成熟的阶段，他们给我宽心，"这次没评上还可以再等下次嘛"。那时评"梅花奖"已经不需要必须在北京演出了，但这次确实机会难得，如果观众和专家评委现场反响还不错，我也许有希望。于是，就在去北京演出前申报了"二度梅"。

从台湾巡演回来后，在陈启德先生的建议策划下，主创团队开始了北京的演出宣传——在大学、图书馆、新华书店等地，主创分别做了各类讲座，现场同时售卖演出票。当时这种宣传方式还是很先进的，看到现场就有人买票的时候，大家都特别开心。

2004年12月，三本《长生殿》在北京保利剧院演出，中央电视台戏曲频道《九州大戏台》栏目进行了全程录制。演出前，《戏曲采风》栏目对主创团队做了专题采访，工作人员还跟我开玩笑："王老师，您知道吗，门口30元一张的学生票已经被黄牛炒到500元一张了。您还有票吗？我们都想去做黄牛了！"我边化妆边想，真有这么火爆吗？心中充满了疑惑。

当熟悉的音乐响起，我在舞台上站定，照常望向台下，黑压压的全是人，我

心头一暖。当谢幕场灯亮起,观众席爆发出经久不息的掌声时,我松了一口气。我在台湾的心愿,仅时隔十个月之后就实现了。巧的是,2004 年刚好是《长生殿》作者洪昇逝世三百周年,真是冥冥中自有安排。

第一次申请"梅花奖"的时候,我还比较懵懂,对得奖的期待并不是很高,但是这次,我对这个奖项的分量与意义的认识都比以前深多了,我真是满怀期待的。虽然心里明明知道"二度梅"比第一次难太多太多了,但是,除了认真演戏外,其他的似乎我也无能为力。

上天真的很眷顾我,让我在经历了那么多起落沉浮之后,首次申报"二度梅"便成功了。尤为难得的是,另一位"二度梅"是天津京剧院的著名京剧演员王平——仅有的两个名额都给了戏曲演员,"一枝独放不是春,万紫千红春满园"，我想，戏曲的春天真的回来了。

Ⅲ 三

骨折后的第十八天

2005 年前后，我们就逐渐开始忙起来了，观众重回剧场，演出也逐渐增多。这一年南京举办了中华人民共和国第十届运动会。为庆祝这一盛事，省里组织了优秀剧目调演，安排我们的三本《长生殿》10 月份在南京紫金剧场演出。

连续三天的演出结束后，所有演员和舞美一起拆台，男同志帮忙做搬运的一些重活，我们女同志就把舞台上拆下来的黄杨木雕花框，一层层用泡沫包好。那时剧组里除了赵文林、汤迟荪这两位上了年纪的老师被大家强制要求演出后去休息外，其余每个人都会帮忙拆台，这已经是大家心照不宣的了。全部舞美、道具打包好，装车，我们于演出当晚连夜乘大巴回苏州了。

我到家已经是半夜两点多了，经历了连续的演出，又舟车劳顿，本就不习惯熬夜的我洗完澡倒头就睡。等我醒过来的时候已经是转天下午三点多，人还是非常没精神，我怕晚上睡不着，就强迫自己起床，想着第二天还要去单位上班。

我简单吃了一口东西，准备和妈妈一起去附近菜场，买些晚上要吃的菜回来，正好活动一下。我家正对着小区门口的岗亭，从家里出门刚刚走到岗亭，我的左脚扭了一下，觉得脚很痛，不好走路了，就放弃了去菜场的计划，折返回家。

王芳扮演的杨贵妃，是优雅、浪漫而迷人的，也是哀怨、多面而超凡脱俗的，有着细腻传神、叩击人心的艺术感染力

——季国平

当时还没太在意，觉得不过就是崴了脚，结果回家后脚越来越肿，到了晚上就痛得完全不能着地了。我赶紧用儿子的棒棒冰先敷上，然后给单位会计小姑娘董沁打了通电话，因为我记得她曾经跟我说过医院可以网络挂号了，看这情况我明天一定得去医院。

电话接通后她对我说："王老师您别急，正好明天我也要去医院看病，先给您挂好号，然后我来接您吧。"我当时还逞强，对先生说："明天你不用管我了，董沁会来接我的。"

整个晚上我几乎痛得没合眼，冰敷到麻木的时候，能缓解一点，但又怕冻伤皮肤，只能稍微把冰拿开一会儿，就又是钻心的痛……

第二天一早，董沁接我一起到医院，停车场到门诊楼有一定距离，需要步行过去，我根本一步都走不了。她就去门诊借了一个轮椅，推着我跑前跑后的。但她来医院也是要看医生的呀，不能一直陪着我，看自己情况实在不太乐观，就打电话让我先生来了。他赶紧从单位请了假到医院，这时我拍的 CT 片已经出了结果，显示我的脚是骨折了。

我一下子就慌了，"医生，骨折意味着什么啊，我十几天后就要演出了"。医生觉得我在天方夜谭："你知道什么叫作'伤筋动骨一百天'吗？打上石膏回去好好休养吧！"就这样，我脚上多了厚厚的一圈石膏。

这怎么能演出呢？这么厚重的石膏，连鞋子都穿不进去！11 月 1 日至 3 日，

三本《长生殿》要参加第七届上海国际艺术节的，天蟾逸夫舞台的票都卖出去了呀！

当时团里只有我一个副院长在苏州，其余所有领导都随团去韩国参加演出交流了，我都不知道该找谁商量，只能打电话给《长生殿》的技术指导张善鸿老师。这部剧首演过后，顾老年事较高就不再过问剧组相关事宜了，后续演出都是张老师跟着我们。张老师在电话里思考了好久，郑重地对我说："王芳啊，这件事你一定要向领导汇报的，我们不好做主……"我想张老师说的对，我就赶紧给文广局分管成从武副局长汇报了这件事。

成局听后，马上就派人带我去了苏州市中医院，请骨伤科主任龚正丰为我诊治。龚主任拿着我的片子研究了很久，最后告诉我："我要拆掉你的石膏用夹板，保证你十几天后可以上台，但脚踝绝不能上下动。"他还用最简单的言语给我解释了骨折后的痊愈过程，告诉我："骨头断口处连接它们生长的组织，要两周以后才开始分泌形成，你十八天后就要上台演出，是很危险的！"他建议我只站在那里唱，不要动，但我心里知道这是不可能的。

脚骨折后，团里紧急安排了我的同班同学王瑛排了《长生殿》上本中的《舞盘》和下本中的《尸解》——《舞盘》中杨贵妃要跳舞，还有许多单脚站立的动作；而《尸解》最后，杨贵妃需要从台阶上跳下，这些动作是我无论如何也不能完成的，因此由王瑛来替我演出这两折戏，演出前我们也会通过字幕的形式告知观众。

另外还有一件紧急的事，就是要为我骨折的脚专门定制一只鞋子。受伤的左脚还没有消肿，本身就比右脚大，龚主任为了让我骨折的地方固定，用一种在手术中才会用到的强力胶膜把我的脚一层层缠住，我也忘记了它叫什么，只记得非常非常黏，缠好之后我的脚踝是完全不能动的。里层有胶膜，外层

再缠绷带，加上水肿，比正常的脚大了好几圈，原来的鞋子根本穿不进去了。

在大家的帮助下，骨折后的第十八天，我终于站在了上海天蟾逸夫的舞台上。一上台我就感觉到痛，只能强忍着走到九龙口，亮相。左脚坏了，右脚自然就会承担更多的重量，不动的时候，我几乎全身的压力都压在了右脚上。骨折的疼痛倒是缓解了一些，但没过多久，右脚也跟着一起痛了起来，仿佛身上的每块肌肉都不听使唤了，全都纠结着一起痛，身上的汗出了一层又一层，脸上细密的汗珠只有和我搭戏的赵文林老师能看见，而我还要对着他开心地笑，要吃醋要撒娇，更要让观众看不出破绽。一场戏下来，里里外外全湿透，整个人就像虚脱了一样。

换掉服装、卸妆，我要乘车赶回苏州——因为固定脚的胶膜非常紧，缠太久了会血脉不通，我在演出结束后必须马上撕掉它，第二天一早再去苏州市中医院缠好，乘车到上海，下午坐着轮椅走台，晚上再演出。如此反复，在苏州和上海之间两边跑，一边演出一边看病。

这件事对我来说是个不大不小的磨砺。说它小呢，生理上的疼痛是实实在在的，还好，一切我都挺过来了，虽然左脚多少留下了一些后遗症；说它大呢，最后的结果是圆满的，我顺利完成了演出任务。大家对我的关怀与照顾，观众们对我的认可与掌声，让我的心里很温暖。

‖ 四

知足常乐

那句"以后你们会忙到来不及演出"犹在耳边，当时不敢相信的我，没过多久就开始忙起来了。2003 年，我全年排《长生殿》，还要顾及一些大小演出、传承项目及团里的行政事务，身体素质本来就不好的我时常感到有些疲惫，有段时间总是腰酸背痛，并未太上心。

有一天晚上回家已过深夜，上完厕所突然发现马桶里殷红殷红的，吓了自己一跳，也不敢惊动妈妈，只好把先生叫来。先生一看说是尿血了，马上就要去医院，我说还是明天一早吧。躺在床上我脑子里乱七八糟的，虽然又困又累，但怎么也睡不踏实，昏昏沉沉熬到天亮，赶紧去了医院。

各项检查做完，确诊我得了急性肾盂肾炎——这是个"富贵病"，最好的治病方法就是休息。昆曲好不容易好起来了，我怎么可能长时间休息？而且，经过消炎药的治疗，我也不尿血了，自认为痊愈了，就继续投入到排练等日常工作中。因为我的疏忽大意，肾盂肾炎从急性拖成了慢性，直到现在，只要一累，就会发病，而腰酸背痛这个症状，也一直伴随了多年。

2003 年，排演《长生殿》的同时，领导就筹备创排一部昆剧新编历史剧，梁辰渔的《浣纱记》。这部剧既要不脱离昆曲艺术本体，又要具有苏州的地方

特色。这是从昆山腔改革称为昆曲后的第一部"剧",对昆曲有着开创性意义,而且故事本就发生在吴地,由苏州来排更合适。

当时的想法是"强强联合",于是邀请了戏剧创作界"三驾马车"之一的郭启宏先生做编剧,邀请著名导演杨小青执导,音乐总监是我们团著名的作曲家周友良老师。我来演西施,江苏省昆剧院的钱振荣饰演范蠡,上海昆剧团的吴双饰演夫差,还邀请了江苏省昆剧院的著名老生演员、第九届"梅花奖"获得者黄小午老师饰演伍子胥,越王勾践由我们团的汤迟苏老师饰演——这绝对是一个"强强联合"的主创团队!

在传奇本《浣纱记》中,西施这个人物只起到了穿针引线的作用,而我们这部戏以西施为主角,融入了现代思想,塑造出一个多面立体的人物,因此剧名就直接定为了《西施》。

刚拿到本子时我就非常喜欢,郭老师并没有把西施写成大家刻板印象中的"红颜祸水",而是把她定位成一个对自己命运充满诸多无奈的女性,她被自己的爱侣范蠡亲手送给吴王夫差,她身遭战乱,却肩负着本不该属于她的责任,面对吴王的百般疼惜,她又怎会不心动?看到一代忠良伍子胥因她而死,她又怎会不心痛?我想,这样的一位女子,难怪总要"心绞痛"了。

《西施》也是我和杨小青导演合作的第一部戏,在排练过程中,杨导十分讲究细节,不仅会帮你分析人物的心路历程,还会直接演出来给你做示范,演什么像什么,真是神了。

就在《西施》紧张的排练过程中,一年一度的单位体检开始了。一查 B 超,发现有一个很大的子宫肌瘤,需要尽快做手术。其实在 2004 年去台湾演出《长生殿》的时候,就发现不正常,但当时忙着演出。回到苏州后,接连又是好几轮的演出,又要到北京宣传,又要申报"二度梅",我也没有在意,已经当成了一种常态。

当时,已经确定了《西施》要参加第三届中国昆剧艺术节,还是开幕式演出。我就问医生:"7 月份昆剧艺术节结束之后,我再做手术,行不行?" 医生无奈地笑笑:"忙是忙不完的,这件事忙完了还有下件事,这个瘤位置不好,还长得很快,一直忙下去你会很危险的。"我立刻表态:只要昆剧艺术节一结束,马上来做手术。医生也只得答应。

于是,在第三届中国昆剧艺术节闭幕式宣布《西施》获得优秀剧目奖的第二天,我就住进了医院。手术进行得很顺利,休养得差不多后,我立刻又投入了忙忙碌碌的工作和演出当中……

2007年，昆剧《西施》在湖北宜昌参加了第八届中国艺术节，并获得第十二届"文华奖文华剧目奖"，我和饰演夫差的吴双分别获得"文华表演奖"——《西施》的故事就此圆满地告一段落了，但这部剧为我埋下的最好伏笔，是日后多次与杨导的合作，这是后话了。

后来，我们《长生殿》剧组的几位"老搭档"复排了昆剧《满床笏》，改编整理了昆剧《白兔记》。——"老搭档"指的就是我、赵文林老师、汤迟荪老师这三位演员；导演张善鸿老师；还有主笛邹建梁、弹琵琶的汪瑛瑛、打扬琴的钱玉川以及我的容妆傅小玲。张善鸿老师是慈祥的长辈，有他在，大家都安心；赵老师和汤老师是两位可爱的老师，相处一直很开心；其他几位都是我的同班同学，更是从小一起长大，脾气秉性知根知底，我跟他们在一起毫无负担。

在很长一段时间里，"老搭档"们带着《长生殿》《满床笏》《白兔记》这三部大戏以及折子戏《折柳阳关》走南闯北地演出，出门一起吃饭的时候才叫热闹：赵老师两条腿的，比如鸡、鸭、鹅他都不吃；汤老师有痛风的毛病，不能吃海鲜；傅小玲所有红肉，比如猪、羊、牛都不吃，肉类基本只吃河海鲜……每次点菜又为难又好玩。

现在回想起来，那真是一段充实又快乐的日子，人一旦投入了排练演出的无限循环中，似乎就停不下来了。每当我又要演出还要排新戏，还要指导学生，那句"你们会忙到来不及演出的"就会突然闪现在我脑海中。我想忙是幸福的，那些演了今天没明天，得不到社会认可，茫然不知所措的日子，再也不愿意重来第二次。

第五章　任重道远

· 2003 年，第一次
  参加全国人民代表
  大会

一

职责所在

作为一名演员，主要的任务是排练、演出和传承。2002 年，我任江苏省苏州
昆剧院副院长，开始管理与业务相关的行政事务。除此之外，我还有一部分
社会职务与工作。1998 年，我同时当选了苏州市人大代表和市人大常委会委
员。2003 年，当选全国人大代表，到现在连任了四届。我要感谢一直以来支
持我和信任我的观众朋友、同事及领导们。

2003 年，我第一次去北京开会的时候很忐忑，虽然已经做过一届苏州市人大
代表，对人大的工作有了基本的了解，但毕竟要到首都，要面对更高级别和
更大场面的会议，心里难免还是有些紧张。我还记得我作为全国人大代表，
第一次到人民大会堂参会的心情——以前都是在电视上看新闻，没想到有一
天我也能亲自走进去，通过自己神圣的一票参与国家的决策，除了紧张也很
骄傲，更感觉多了一份神圣的责任。

第一年开会我就提出了"关于戏曲招生难的建议"。戏曲虽然是一门综合性

很强的艺术，但归根结底观众看的还是舞台上的"角儿"，传承和发展的核心是人才。以前选拔戏曲演员，都是几千个人里挑几十个，挑的是长相、身材、嗓音、表演等方方面面都比较有天赋的孩子。但随着多元化的发展，戏曲行业对社会的吸引力逐渐变小，很多文化课念不好的孩子才来考戏校，使得学生总体水平下降，优质的苗子很少。其实，艺术和文化都是相通的，文化课念不好，学艺术也未必优秀；而一个艺术上优秀的孩子，文化课往往也不会差。

人大代表的建议会被分门别类转发到有关部门。 2005 年，文化部在全国范围内调研，由文化部和财政部共同在全国范围内实施"国家昆曲艺术抢救、保护和扶持工程"，这对于保护传统文化、弘扬昆曲艺术起到了重要的推动作用。

2005 年起，全国昆曲有了国家"两个一千万"拨款的政策，这笔经费用于排演剧目、人才培养、各大院团保留剧目传承录像、苏州戏曲博物馆搜集影音资料等等。此外，苏州市还出台了"场、馆、节、院、所"计划，"场"是众多的昆曲演出剧场，"馆"是昆曲博物馆，"节"是中国昆剧艺术节，"院"是苏州昆剧院，"所"是戏曲研究所，要将这些资源优化整合，为昆曲发展提供良性循环。

2004 年的全国人民代表大会上，我提出了"关于立法保护传统文化的建议"。2011 年，十一届全国人大常委会第十九次会议通过了《中华人民共和国非物

（《牡丹亭·寻梦》）这一段复杂凄楚的心境，王芳一步步寻来，一节节递进，一层层深化，演绎如痴如梦，如泣如诉，那番深挚而悲切的情怀，感人至深，催人泪下。

——康式昭

质文化遗产法》，不仅对无形遗产的保护、保存做了规定，还对与传统文化表现形式相关的实物和场所的保护、保存做了明确规定。

2013年，我建议将传统戏曲纳入考级，吸引更多的青少年学习传统戏曲。经过多方不懈努力，2021年7月，江苏省文化和旅游厅批准，并成功在文化和旅游部备案，苏州市艺术学校拿到了全国首个昆曲社会艺术水平考级资格，并推出了《昆曲艺术水平登记考试教材：一到三级》。

除了人大，我还在文联与剧协担任了职务。很多朋友不太清楚它们之间的关系——剧协全称戏剧家协会，是由党领导的、戏剧家组成的人民团体；文联的全称是文学艺术界联合会，因此既包含文学也包含艺术，除了戏剧家协会，文联还包含电影家协会、音乐家协会、作家协会等十几个人民团体。这两个组织，从市级到省级再到国家级，都有设立。

文联的主要工作就是在举办和开展一些大型活动之前来征求我们的意见，也召开一系列的会议，各界别一起讨论决策。剧协因为与我们日常的戏剧相关，相对工作就会细致一些。以苏州为例，主要是苏州昆剧院、苏州市苏剧团、苏州市锡剧团、苏州市滑稽剧团这四个剧团的相关事务，比如我们两年一次的"小戏小品大赛"，剧目的申报、选拔、演出、评奖、颁奖等，都需要剧协的指导、参与；又如每年秋季的虎丘曲会，也是由剧协牵头举办的。还有志愿者服务队，到各个社区、学校等的慰问演出，与同行之间的观摩交流学习，举办相关座谈会、讲座，并配合当地文广局进行一系列青年艺术人才的培养推动工作等等。

可以说，文联与剧协的工作也是诸般繁杂，但事无巨细，都应该去做好。我深知，能走到今天，离不开国家政策的扶持、老师领导们的关心，如今能为昆曲的传承与发展贡献一份力量，是肩上的一份责任，亦是我力所能及的回馈。

二

未成年人昆曲教育传播中心

我们常说"戏曲要从娃娃抓起"，这是戏曲艺术长期繁荣发展的基础之一。让小朋友们多接触戏曲，不仅让他们接受中华传统文化的浸润，更是对他们思想的启迪和美的熏陶。

昆曲是苏州的文化名牌。为更好地保护、传承弘扬昆曲艺术，在广大在校学生中传播和普及优秀传统文化，由中共苏州市委宣传部、苏州市文明办、苏州市教育局、苏州市文广新局、苏州市民政局批准，2007 年 5 月 9 日成立了苏州市未成年人昆曲教育传播中心，并任命我为中心主任。

传播中心负责"昆曲为在校学生公益演出、普及工程"的具体落实。地处观前街的苏州开明剧院里有个昆曲沁兰厅，是我们的常驻演出剧场，可容纳二百余名学生同时观剧。我们还在沁兰厅门口布置了许多昆曲知识、演出剧照、人物造型等等相关宣传材料，希望这种图文并茂的形式能引起学生的兴趣。

在中心运行初期，我们遇到了一些困难。孩子的课业负担都非常重，很多学校不愿意将学生的时间花在"艺术熏陶"这种"看上去并不能提高成绩"的事情上，就算校方有意培养孩子德智体美全方面发展，有些家长也会有意见。尤其是在2007年的时候，大家还是比较"唯成绩论"的，认为举办类似的课外活动会耽误学生时间，影响成绩。因此，在最初联系学校这一环节上，颇费了些力气，一度比较被动。

尽管如此，工作还是要尽量做好。昆剧院当时派出了一批优秀的青年演员，演出自己最拿手的剧目，并印刷制作了许多昆曲小知识的课程表、小书签、说明书、小册子、N次贴等小礼品送给大家。每周一至周五下午用一小时的时间，我们在沁兰厅根据学生的年龄和理解能力，挑选不同的昆剧折子戏片段展示，并配备主持人生动易懂的现场知识讲解，使不同层次的学生能初步看懂演出的内容，了解昆曲简单的有关知识。演出后，主持人还会提问相关知识点，答对的小朋友就能得到额外的礼品。还有最受欢迎的互动环节，演员们邀请若干学生到舞台上互动，学习表演身段，亲自体验昆曲的魅力。

渐渐地，最初的被动没有了，许多学校开始主动联系我们，希望自己学校的孩子们也可以加入进来。虽然一开始我们动了许多脑筋，用各式各样的方法来吸引小朋友，但我特别相信的是这些只是"引进门"的手段，最终学校乃

· 与小戏迷们互动

至家长的态度改变，都是因为昆曲自身的魅力，让参加过的学校和学生们口口相传。正所谓"不到园林，怎知春色如许"，许多东西你不尝试去接触，去了解，你就永远领略不到它的美。

"昆曲为在校学生公益演出、普及工程"到如今已经走过了十几个年头。2017年，我到苏剧团任职之后，演出、普及工程加入了我们苏州的地方剧种——独具特色的苏剧。除了沁兰厅的固定演出之外，我们还会"送戏进校园"，尤其是发生新冠疫情后，为了学生们的安全，我们更是全年都采用进校园的演出模式。

我们每年还会走进苏州市盲聋学校，为那些"特殊"的孩子送上演出。有听觉障碍的孩子通过字幕和手语老师的翻译观赏现场艺术，有视觉障碍的孩子可以通过聆听和触摸感知身边的一切，他们与普通的孩子一样渴望感知世界、享受艺术。春风化雨，久久为功，希望艺术能够滋养孩子们的心灵，在他们心中播下希望的种子。

至今，传播中心组织举行了公益演出和讲座1700余场，惠及200多所学校的中小学生36万余人。在17所学校建立了"昆曲教育传播基地"，定期组织开展昆曲传承传播教育示范辅导活动。学生们撰写的观后感在《姑苏晚报》的"小荷专栏"发表上百篇。我们还培养了一批业余昆曲表演的优秀苗子，输送了一批后备人才到各专业艺术院校深造。这些成果，听上去可能只是一个简简单单的数字，或是一句平实的语言，但确实是中心的每一位工作人员数十年如一日、一点一滴积累的成果。

每当我看着台下孩子们安静整齐地观演，听他们叽叽喳喳地讨论说喜欢昆曲、苏剧，然后积极踊跃地上台体验，我都会由衷地感到值得。再看看台上那些正在表演的青年演员，他们也因为这方舞台增加了演出实践机会，提高了艺术质量。在这种相辅相成的良性循环中，戏曲的明天会越来越美好。

‖ 三

"姑苏文化名家"王芳工作室

2014年，苏州市根据《关于推进苏州市姑苏宣传文化人才工程的实施意见》和《苏州市姑苏宣传文化人才工程实施细则》，首次评选出五位"姑苏文化名家"，我非常有幸成为其中之一。

《实施意见》的"人才高峰集聚工程"其中的一项重要工作是"量身打造名家工作室"。于是，在苏州市委宣传部文艺处的带领下，2017年6月25日，"姑苏文化名家"王芳工作室正式挂牌成立。

五位"姑苏文化名家"的工作室根据自身的领域，侧重点各有不同，具体到我的工作室，主要以传承、传播昆剧苏剧艺术，记录我的艺术生产生活为主——通过微信公众号将排戏、演出、讲座、访谈、教学、行政工作等与观众朋友分享；跟拍摄影、摄像内容的归档整理、存储；举办公益线下活动，并组织记录与宣传。

戏曲是门综合性很强的艺术，同时也是现场艺术，观赏戏曲最好的方式当然是走进剧场，亲身体验戏曲的魅力。随着科技手段不断发展，将演出现场以影像的方式记录留存下来，也是戏曲传承传播、发展的方向之一。这样做一是可以惠及在快节奏生活中，无法现场观剧的观众；二是在传承过程中，为学生的初步学习提供了便利条件；再有就是演员在回看自己录像的时候，能

· 外国友人上台互动

发现自己的不足，有利于自身艺术水平的提高。

自从成立了工作室，这三个优点也有了切实的体现。工作室的主要工作人员是两位"80后"的姑娘。负责摄影、摄像的王玲玲曾在江苏主流媒体《现代快报》任职，是一名非常优秀的记者，她能敏锐地感受到宣传点并用镜头准确、快速记录下来。她拍摄的剧照能抓住戏曲现场精髓，在兼顾表演程式、剧情发展、灯光舞美、演员特色的同时，亦能表现出艺术美感。主笔王薇是中国艺术研究院戏剧戏曲学硕士，做过许多与戏曲相关的学术研究及工作，对戏曲和我本身的艺术特色都非常了解，她不仅负责微信公众号的撰写发布，收集行业资料，也会写一些戏评、新闻通稿等等。

2019 年，苏州戏曲传承中心启用后，工作室拥有了一间不大的办公室。里面除了陈列了一些我的剧照、获奖证书和资料外，主要的用途还是传承教学——不仅是我在里面教学，苏剧团很多青年演员的学习都是在工作室里完成的。每天这里的人们来来去去、出出入入，最小的有"00后"小朋友，年长的有

80多岁的苏昆剧老艺术家，他们身体力行地延续着苏剧这门艺术的香火，这使得工作室有了更丰富的意义与价值。

"姑苏文化名家"王芳工作室成立四年以来，共拍摄了排练、演出、讲座上千场，留存了约8T容量的影像、视频资料；举办了"昆腔悠远，苏韵流芳"主题讲座、"怡醉芳修"苏剧经典传唱等线下活动并在线直播；为"梨园芳华·江南雅韵——王芳昆剧苏剧专场演出"、《国鼎魂》校园巡演等设计制作了文创周边产品。未来的日子里，工作室还会在记录、传播苏昆剧的道路上继续探索前行，不会局限于我自身，而是对整个苏昆剧艺术门类传承发展的见证。

第六章　从零开始

蘇灘坐唱會串

苏州艺术"三朵花"之一

昆曲大家已经不陌生了，但提到苏剧，可能很多朋友还不熟悉。苏剧是苏州的地方剧种，与昆曲、评弹并称为苏州艺术"三朵花"。苏剧的前身是苏滩，是由南词（又名"对白南词"）、滩簧、昆曲合流衍变而成。演出形式为五至七人围坐一桌，分别担任生、旦、净、丑等角色，自拉自唱，以第一人称出现，无说唱人的叙述，是一种代言体素衣清唱。

清末民初，苏滩演员林步青与昆剧名旦周凤文合作首次演出化妆苏滩《卖橄榄》后，苏滩化妆演出由此开始。

1941年7月，朱国樑、华和笙创建"国风新型苏剧团"，第一个以苏剧命名的剧团出现，标志着以苏剧正式命名的戏曲剧种步入舞台。"国风新型苏剧团"即为现在浙江昆剧团的前身，可以说，苏剧从成立之初就与昆曲有着千丝万缕的联系。

1951年，一位有志于发展苏剧事业的女艺人，与师傅蔡云麟商议过后，个人集资四千万元（旧人民币），与朱筱峰、华和笙、李丹翁等老一辈苏滩艺人，共同发起建立了上海市民锋苏剧团，这是苏剧史上继"国风"后组建的第二个民间职业剧团。团址设在上海巨鹿蔡云麟寓所，当时参与人数达八十余人，演出的第一台戏是《李香君血溅桃花扇》。

为了扩大苏剧的影响，争取更多的观众，在朱容等团领导的提议下，民锋苏剧团决定离开上海闯新路，在上海邻县及江浙一带中小城市、农村等流动演出。苏剧发源于苏州，民锋中有许多演职员是苏州籍，加之此次演出在苏州受到文艺界及观众们的热烈欢迎，在朱容、郎彩云等人的积极提议，并与苏州多次联系协商下，1953 年 10 月，上海民锋苏剧团回苏落户，改称苏州市民锋苏剧团，即如今江苏省苏州昆剧院的前身。

1956 年 10 月，原苏州市民锋苏剧团改名为江苏省苏昆剧团，确定了"以昆养苏、以苏养昆"①的办团方针。方针政策的提出，正是因为苏剧与昆曲两个剧种一以贯之的传统。昆曲市场的不景气导致许多昆曲艺人流落社会各个阶层，如今他们被蒸蒸日上的苏剧团吸纳入团，形成了艺术上"以昆养苏"，经济上"以苏养昆"的发展模式。

具体来说，什么是"以昆养苏"呢？首先昆曲和苏剧两个剧种都在一个剧团里。由于苏剧处于初创阶段，而且是从清唱的曲艺形式逐步吸收戏曲程式化表演，发展成舞台艺术的，前人并没有积累下太多的表演艺术经验。苏剧团的主要演员除了极个别的学过一点昆曲或京剧的表演外，其余都不曾接受过舞台表演的训练。而苏剧"前滩"的传统剧目大多改编自昆剧，从昆曲学习表演艺术是顺理成章的事。演员学昆曲、演昆曲到演苏剧，一面做保存和弘扬昆曲的工作，一面又去创造苏剧的舞台表演，这就必然使苏剧艺术有较高的起点。我们把这称作艺术上的"以昆养苏"。

那什么是"以苏养昆"呢？1962 年开始，国家开始给稀有剧种拨放补贴，苏、昆两个剧种都享受，但这笔经费只允许用于剧种发展，例如添置服装、头饰、道具等，并不能用于演职员工资福利等方面的支出。苏昆剧团当时经济实力雄厚，在江苏各省团中处于领先地位，主要的收入来源便是苏剧的演出票房，昆曲当时的市场效益远不如苏剧。剧团在乡镇巡回演出时，每到一地，通常是演七至九天，每天日夜两场，先演苏剧，最后两场演出昆曲。演出势必只能以苏剧为主，才能保证经济收入，这就是经济上"以苏养昆"。

① "以昆养苏以苏养昆"相内容参考顾璞先生《苏剧话》。

这里需要着重说明的是，"以苏养昆"不仅仅在经济上，从艺术的某种角度来说，苏剧亦反哺了当时的昆曲。当时剧团分为几个演出分团，每个分团全年演出三百天左右，常常是每天两场，大量的场次丰富了演员的舞台手段和表演经验。虽然演的多为苏剧，但反过来，也从一定程度上提高了我们昆曲的业务水平。

苏剧由曲艺发展而来，没有传统表演可继承，所有的剧目都是在导演指导下，演员自行排出来的。这就需要演员不单纯是对老师的模仿，更需要充分地理解人物，从体验人物的内心活动出发，再综合戏曲中的"四功五法"，进行艺术再创作。这对创造性思维的培养非常有益，提高了演员对戏曲艺术的理解。

在长期的实践中，苏剧逐渐形成了独特的艺术风格。剧目上主要分为"前滩""后滩"两大类——"前滩"剧目出自昆剧传奇，内容略加改编，以南词曲调演唱，即把昆曲典雅的词句通俗化；"后滩"剧目大多改编与创作自滩簧对子戏或民间说唱，内容大都是表演市民生活，诙谐、滑稽、通俗。曲调上以"太平调"最为常用，清丽婉转、柔美典雅、富有变化，具有浓郁的江南风情。

ⅠⅠ 二

从两个人，到八十人

2006 年 5 月 20 日，苏剧经国务院批准，列入第一批国家级非物质文化遗产名录。但在之后很长的一段时间内，苏剧并没有独立建制的传承保护单位，人才断档严重，剧种发展堪忧。苏剧在民间曾兴盛一时，但苏剧的传承保护单位却随着我国的社会变革，历经坎坷。

1956 年，江苏省苏昆剧团实行"苏剧与昆曲并行传承发展"的政策。1960 年 4 月，经中共江苏省委与苏州市委协商决定，在南京另建一个江苏省苏昆剧团（下称"南京团"），与驻地仍在苏州的江苏省苏昆剧团（下称"苏州团"）同名并存。剧团抽派张继青、姚继焜、范继信等十三名"继字辈"演员及部分乐队人员赴南京作为骨干，与江苏省戏曲学校首届昆曲班毕业生共同组成了南京团。

"文革"期间，苏州团被撤销。1972 年 7 月，苏州恢复建立了仅有二十余人的苏剧小组；同年 10 月，南京团人员赴苏，与苏剧小组合并，恢复了江苏省苏昆剧团建制。五年后，1977 年 11 月，原南京团人员奉命调回南京，建立了江苏省昆剧院。江苏省苏昆剧团依然保留，团内分设苏剧、昆剧演出队，肩负着苏、昆两个剧种的继承发展任务。

2001 年 5 月 18 日，昆曲被联合国教科文组织列为"人类口述和非物质遗产代表作"。同年 11 月，为了更好地发展昆曲艺术，苏剧、昆曲一分两支，江苏省苏昆剧团改团建院，更名为江苏省苏州昆剧院、江苏省苏州苏剧团（筹）。后因苏剧与锡剧同属滩簧剧种，苏剧团的"筹"字牌又落在了苏州市锡剧团，由锡剧团承担锡剧、苏剧两个剧种的传承发展任务，比如苏剧《柳如是》《满庭芳》，都是在这个时期由锡剧团出品创排的。我虽作为主演，因当时工作单位在昆剧院，反而成了"外请演员"。

江苏省苏昆剧团自成立以来，培养了以张继青、柳继雁、凌继勤、尹继梅、姚继焜、范继信、章继涓等为代表的"继字辈"；以赵文林、尹建民、朱文元、陈红民、朱双元、汤迟荪等为代表的"承字辈"；以我、陶红珍、杨晓勇、吕福海、王如丹等为代表的"弘字辈"；以俞玖林、沈丰英、周雪峰、沈国芳、吕佳、唐荣等为代表的"扬字辈"。四代人分别以"继、承、弘、扬"排字，立意非常明确，希望所有人能以继承昆曲与苏剧为使命，首先是抢救与继承，进而再弘扬与发展。

我在任苏州市人大代表期间，写过关于成立苏剧独立建制单位的提案，在全国人大上也提交过关于苏剧保护传承的建议。苏州市领导很重视，多年来也一直在整合各种资源与力量，希望促成这件事。2016 年 5 月，由市委、市政府批准，经苏州市编委正式发文，同意建立苏州市苏剧传习保护中心，至此苏剧终于有了独立建制的传承保护单位。苏剧在发展中虽然出现了断层，但随着苏剧传习保护中心的成立，苏剧的星星之火将被点燃！

当时我已经参与过两次苏剧新编大戏的排演，2012 年我主演了苏剧新编大戏《柳如是》，2015 年主演苏剧新编大戏《满庭芳》，这两部戏都是由锡剧团创作出品的，观众和舆论反响不错，我还凭借《柳如是》这部剧获得了第二十四届上海白玉兰戏剧表演奖。当时感觉苏剧的传承保护工作放在锡剧团比较合适，他们同属滩簧，艺术上一脉相承，有苏剧的演员、乐队。

在苏剧传习保护中心成立时，局里领导请我去谈话，希望我接手来撑起苏剧。因苏剧的老师都已 70 岁以上，小的才只有 30 岁左右，从各方面来说都觉得我比较合适，但昆剧院也不能离开，要兼任名誉院长。领导还告诉我，现在局里已经为苏剧传习保护中心争取到了 21 个事业编制，希望我能尽快走马上任。

听到这番话我内心更忐忑了。作为"弘字辈"的一员，我从小就是昆曲苏剧两个剧种兼学兼演的，虽然在昆曲入选世界"非遗"后的很长一段时间里，我的大部分精力都放在昆曲上，但对苏剧的感情还是非常深厚的。第一次夺得中国戏剧"梅花奖"的三个剧目中，其中之一便是苏剧《醉归》，这也是我获奖最多的剧目。应该说没有《醉归》，没有苏剧，就没有王芳。虽然内心特别希望苏剧恢复，但 21 个人能干什么呢？连一出折子戏都演不下来！更别说当时什么都没有。领导说，搭建一个好的领导班子，慢慢都会好起来的。

我又想起尹斯明阿姨的话——"王芳啊，我这一辈子的心愿就是在有生之年看到苏剧的复兴，你一定要让我看到哦！"尹阿姨是我从小到大一直敬佩的老艺术家，当时已经 97 岁高龄，是民锋苏剧团的创始人之一，也是唯一健在的苏剧元老。每次去看她，她总对我说："王芳啊，苏剧当年在经济上养活了昆曲，现在昆曲好起来了，可不能把苏剧撂下呀！"

是啊！昆曲世界"非遗"了，红了，有很多很多人在做，不缺我一个演员。苏剧如果不做，也许真的就要走向消亡了，老一辈艺术家留下来的东西就没有了，对戏曲艺术是巨大的损失。当初在昆曲低迷时期，是苏剧"救"了昆曲；现在昆曲这么好，苏剧却鲜为人知，连一个像样的团都没有，那些演了一辈子戏的苏剧老师们岂不是白唱了？再想想已经逝去的朱容妈妈、蒋玉芳老师、庄再春老师……我更加感到了责任在肩，于是决定服从这个安排，希望能为苏剧、为这些老师，尽力吧。

2017 年 5 月，我出任了苏剧传习保护中心（以下简称"苏剧中心"）的第一任主任及江苏省苏州昆剧院名誉院长。苏剧中心是全额拨款的事业单位，共 21 个事业编制，刚建立时除了我之外，还有中心副主任、党支部书记陈祺皞。我心里深知这 21 个编制的来之不易，这是市里领导为了苏剧复兴做出的决心和承诺，也为苏剧剧团的复兴之路奠定好基石。一个剧种的传承与发展，一定要有能够呈现在舞台上的演出团体，这样才可以形成活态传承，剧种才能"动"起来，一步步往前走。如果只是单纯保护现有的剧目资料，那岂不是成为真的"遗产"了？可是 21 个人对于一个剧种来说远远不够，怎么办？如何解决演出团体的问题？

在苏州市委、市政府、市委宣传部的大力支持下，决定再建立一个60人左右的苏州市苏剧团有限公司。在各级领导的高度重视和高效推动下，我们完成了建设方案——事业性质的中心与企业性质的公司，共同组成"苏州市苏剧团"，定位为市属公益性专业文艺院团，实行"一套班子、两块牌子"的管理办法，由苏州市文广旅局行使管理职责并对其实行业务指导和考核，中心和公司共同履行推动苏剧艺术的发展、剧目传承和创作、人才培养、对外演出、社会推广等职责。

2019年1月8日，苏剧历史上又一个崭新篇章的开启——苏州市苏剧团正式揭牌成立，入驻位于竹辉路298号的苏州戏曲传承中心。该址原来是广电总台一号楼，由政府投资改造为戏曲传承中心，内部焕然一新，还增设了剧场、书场、排练厅、录音棚、多功能演出厅等设施。宽敞的排练大厅，现代化的办公设备，配套的剧场设备，为苏剧的复兴之路再次保驾护航。

苏州市苏剧团通过全国公开招聘，择优录取，目前已有演员、乐队、舞美、行政等各类专业人才六十余人。"开台大戏"苏剧现代戏《国鼎魂》于2019年获得第十六届中国文化艺术政府奖——文华大奖、江苏省第十一届精神文明建设"五个一工程"荣誉大奖、2018紫金文化艺术节优秀剧目奖等，并参演2018年全国基层院团戏曲会演、第七届中国昆剧艺术节等。苏剧艺术由此开启了保护、传承、创新、发展的振兴之路。

苏剧第一个"文华大奖"

在苏州市苏剧保护中心还在筹备的阶段，要想一个剧种重新"活"起来，"开头炮"就要打好，这一定要有一个好的剧目。苏剧是苏州的地方剧种，苏剧团开台的第一个剧目一定要讲述苏州自己的故事——文艺要服务于人民，让百姓喜闻乐见的剧目才能经久流传。苏州市文广旅局徐春宏副局长跟我说："苏州有个潘达于的故事改编成苏剧你想不想演，喜不喜欢？"演绎人物的一生是每个演员的梦想，我说"想，喜欢"。于是，苏剧现代戏《国鼎魂》的萌芽，便从此时开始生发了。

我们首先邀请了李莉院长将这个故事改编成了苏剧剧本，邀请了最熟悉苏昆剧音乐的著名作曲家周友良老师作曲，并邀请杨小青导演执导全剧。

在排练开始之前，我们先详细地了解了当年潘家真实的情况。除了翻阅了大量背景资料，还去了潘家老宅和上海博物馆参观，听潘家后人和上博的工作人员讲述历史。随着对大盂鼎、大克鼎的深入了解，越来越感到潘达于先生的伟大。鼎一直以来对研究历史制度、礼仪、风俗、文字等都具有十分重要的意义，它是中华文明的见证，也是文化的载体——"护鼎"就是对文脉的守护。

鼎者，国之重器也。潘达于先生守护的大盂鼎和大克鼎，与现存台北"故宫博物院"的毛公鼎并称为"海内三宝"。

大盂鼎出土于道光年间的陕西郿县，辗转由时任陕甘总督的左宗棠所得。后左宗棠为报潘祖荫搭救之恩，以大盂鼎相赠。三十多年之后，大克鼎于陕西

扶风县出土，潘祖荫又以重金购得。至此，大盂鼎、大克鼎这两件周朝时期最大的青铜器齐聚潘府，轰动一时。潘祖荫去世后，其弟潘祖年将二鼎连同其他珍玩一起，由水路从北京运回苏州老家。

1923年，18岁的丁素珍嫁入潘家成为潘祖年的孙媳，在丈夫、祖父相继去世后，年仅20岁的她挑起了掌管门户、守护家藏的重任，并改名潘达于。潘家有宝众人皆知，这两尊旷世宝鼎，更是觊觎者众多。于是在数年的岁月中，清末权臣、美籍华人、日本侵略者、国民党军官都曾来到潘府，他们或以金钱相诱惑，或以刀剑相威胁，潘达于都不为所动。尤其是抗战爆发苏州沦陷之时，潘达于将两尊重逾半吨的宝鼎深埋地下，再覆之以青砖，上面堆满杂物，躲过了日本兵的一次又一次搜查。

1949年新中国成立以后，经历了几个时代的潘达于感受到了一种从未有过的新气象。1951年7月，移居上海的潘达于致函华东军政委员会文化部，愿将二宝鼎无偿捐献给国家。1952年上海博物馆落成，大盂鼎、大克鼎藏入此馆。1959年，北京中国历史博物馆（现中国国家博物馆）开馆，上博以大盂鼎等125件馆藏珍品支援。从此两件巨鼎一南一北，各镇一方。

潘达于是当之无愧的"国宝守护人",她是苏州人文精神的代表之一,也是苏州的骄傲。为了更生动地将她的事迹展现在舞台上,让更多的人了解那段历史,感受这种精神,在与潘家后人沟通之后,我们在艺术创作上做了相应调整。如将本应是潘达于爷爷辈的潘祖念改成了她的公公,让人物脉络更加简单明晰;又将潘达于的捐鼎年龄由实际的四十多岁改为将近八十岁,使舞台上年龄层次感更分明,故事表现更有张力。

2017 年 7 月 1 日,苏剧现代戏《国鼎魂》剧组正式建立了。那时苏剧传习保护中心才刚刚成立,后备力量不足,也由于昆曲、锡剧两个剧种与苏剧剪不断的情缘,《国鼎魂》剧组由苏州市苏剧传习保护中心、苏州市锡剧团有限公司、江苏省苏州昆剧院三家单位并肩携手,以潘达于富有传奇色彩的一生为主线,表现了她保护国宝的坎坷经历,真正实现了"苏州演员,苏州剧种,讲好苏州故事"。

我们最初在锡剧团的旧址排练,因设备及线路老化等原因,空调形同虚设。当时正赶上了苏州最热的两个月,排练厅如同蒸笼一般,闷得人喘不过气,但每一个人都在认真严谨地工作着——杨小青导演偌大年纪,很多动作都亲力亲为,大到场面调度,小到人物塑造细节,她都精雕细琢。周友良老师则

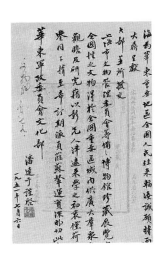

严格把控每一次练乐，从乐队与演员的配合，到音乐节奏的轻重缓急，甚至到每个乐器每个音符的准确性，都逃不过他的耳朵。演员、乐队、舞美，每一个人都拼尽全力，希望苏剧恢复的第一出大戏能"一炮打响"。

很快，苏州终于迎来了一丝凉意。9 月 2 日至 4 日，《国鼎魂》在苏州人民大会堂首次内部试演并录制。我们邀请了许多专家、媒体和同行观看，在收集了多方的意见和建议之后，剧组马不停蹄地展开了新一轮的修改打磨。

2018 年 1 月 27 日，在一个大雪飘飞的日子里，《国鼎魂》在苏州人民大会堂首次公演。严寒并没有阻挡观众来看戏的热情，我在谢幕时听着观众们大声地鼓掌叫好，心里只觉得暖暖的。

《国鼎魂》需要磨炼，我们在苏州及周边地区巡演，参加全国基层院团戏曲会演、紫金文化艺术节、中国昆曲艺术节、上海国际艺术节、苏州市"文华奖"艺术展演等六十多场演出后，《国鼎魂》成了江苏省选送"第十二届中国艺术节"的唯一剧目，角逐中国文化艺术政府最高奖——文华大奖。

"中国艺术节"是我国规格最高、规模最大、最具影响力的国家级艺术盛会。

艺术节由中华人民共和国文化和旅游部主办，为丰富人民群众的文化生活，促进文艺事业不断发展，发挥了重要作用。1987 年秋，北京举办了首届中国艺术节，原则上每三年举行一届。2019 年 5 月 19 日至 6 月 2 日，上海举办第十二届中国艺术节（简称"十二艺节"），共计 38 台剧目参评"文华大奖"，最终获奖剧目只有 10 部。

《国鼎魂》能参加"十二艺节"，对苏剧来说无疑是一种极高的荣誉，但同时也是巨大挑战。《国鼎魂》集三团之力，每个院团都有自己的工作任务，如何调配排练时间，最大限度地保证演出质量？作为一个新创剧目，剧组收集到了无数意见和建议，哪些要采纳，舞台到底怎么改？

2019 年 3 月 18 日，"苏剧《国鼎魂》备战第十二届中国艺术节动员大会"在苏州市苏剧团召开。江苏省文旅厅、苏州市文广旅局的相关领导，昆剧院与锡剧团的领导以及杨小青导演都参加了动员大会，省厅官天涛副厅长代表省文旅厅说："江苏已经连续两年捧得文华大奖，苏剧《国鼎魂》作为本届文华大奖唯一的江苏参评剧目，代表着江苏，代表着江苏 108 个国有文艺院团，代表着江苏 6228 名专业文艺工作者的期望。"

就这样，《国鼎魂》备战"十二艺节"的日程正式开始了。既然要参赛，那备战期所有的排练、演出就一定是正式定稿作品，容不得再次修改了。此时剧本已经在李莉和张裕二位编剧的笔下反复改了二十二次。剧本的修改也势必使导演、作曲、演员、乐队等部门做出相应的调整，各部门根据几十场演出的经验和反馈，服装、化妆、造型都改了多次，以求更准确的人物定位。

我们专门邀请了"扬字辈"的俞玖林再次进组，他是梅花奖获得者，曾在《国鼎魂》首轮演出中饰演潘家裕。因为俞玖林的腰伤，加上昆剧院工作上比较繁忙，巡演时由我们苏剧中心青年演员刘益饰演潘家裕一角。此次参赛，我

· 排练苏剧《国鼎魂》

们重邀玖林回归。

从 3 月中旬到 5 月中旬，我们几乎是每天早、中、晚三班连续排练。可能有的朋友会问，已经演过六十多场的戏，为什么还要这样夜以继日地排练呢？大家不应该早就很熟悉了吗？在我们眼里，诚然演员对演戏已经很熟悉了，乐队对演奏已经很熟悉了，舞美对灯光迁换已经很熟悉了……但戏曲是一门综合性非常强的艺术，演员、乐队、舞美之间如何配合，这不仅仅是"熟悉"就可以满足的，而艺术也不仅仅靠着"熟悉"就能感染观众的。

观众追随故事情节，感知人物情绪，眼里看到的是完整演绎的一出大戏。作为艺术工作者，台前幕后的每个人都是鲜活的个体，都对艺术有着独到的表现力和创造力，多多少少都会受到心情、状态、感悟等多方面因素的影响——每个人、每个部门之间如何协作，如何将个体差异融入整体的艺术表达，如何精准地让观众接收到整体的价值传递，这就是我们要排练的内容。

不过，排练厅毕竟与舞台相差甚远，光排练远远不够，要想交出最好的答卷，还需要不断地在舞台上"滚"，要演给真实的观众看，观众与演员的互动能够更好地激发演员的表演潜力。在"十二艺节"备战期间，《国鼎魂》还在苏州、南京、常州、昆山四个城市公演，加上每场演出前会完整联排一场、穿服装彩排一场——这两个月里，大家在剧场里真枪实弹地磨合了十二场。

很快，"十二艺节"开幕的日子来了，虽然大家看上去都和平时无异，依旧按时排练吃饭休息再排练，但心里都在暗自紧张。当时，每个剧目的参演剧场是剧团代表抽签决定的，我们抽中了靠近上海郊区的一个剧场。在实地勘察时，我们发现舞台的长度、纵深，舞台上方吊杆数量等硬件设施，与《国鼎魂》的要求有差距，这就为后续装台、灯光编程、舞台装置迁换甚至演员走位等，都带来了一定难度。

王芳把李三娘这个苦人儿演得哀楚动人，特别是最难在舞台上表演的产子过程却被王芳在导演的启发下创造性地演得惊心动魄，新意盎然。

——褚铭

演出前一天是照常的对光对景和彩排环节。由于每次演出场地不同，光、景都会有差别，这次因剧场条件有限，更增加了这个环节的难度。杨导当时牙龈肿痛，什么东西都吃不下，依旧带领大家每一个场景、每一个动作，一点点走位，一点点核对。周友良老师坐在水泥地上，全程盯着乐队试音，每个乐器的音准、声音大小，乐器与乐器之间的配合，乐队整体与演员演唱之间的融合，为了最后的完美呈现，任何一个细节不错过。记得那天从早晨九点到深夜十二点，在各位主创的带领和鼓舞下，各个部门进行了整整十五个小时的超长准备工作。

演出当天，中午我们在酒店吃自助餐时，主创们围坐在一个圆桌上，一边吃饭还一边不断地指出昨天的不足，提醒今天正式演出要注意的各类事项，并互相加油鼓劲儿。大家的语速都很慢，声音很轻，看得出每个人都很紧张又在努力调节放松自我。我也算"久经沙场"了，但也感受到前所未有的"低气压"，也不敢说太多，机械性地吃了一口饭，似乎都感受不出饿与饱的区别。下午大家早早地到剧场准备晚上的演出。

历经寒暑，走过四季，苏剧《国鼎魂》经历了二十二次改稿、上百次排练、七十多场演出，终于在"十二艺节"的舞台上正式亮相了！还是那个为护宝鼎奉献一生的故事，还是那些历经磨难却坚韧不屈的瞬间，那晚似乎更加光彩闪耀、熠熠生辉！每个人都顶住压力，通力配合，时间一点一滴流逝，演出就这样顺利结束了。大幕合上，归于宁静，所有的紧张、忙碌、压力与奋战，都结束了。

但《国鼎魂》并没有停下脚步——在"十二艺节"参演结束的第二天，剧组

便整装出发，开始了省委宣传部高雅艺术进高校巡回演出。精神上一放松，腰背疼痛的老毛病又来了，马上就要到来的江南梅雨季让人浑身没有力气。

连续的演出容不得我考虑太多，从 5 月 23 日到 5 月 31 日，《国鼎魂》完成了常熟、泰州、镇江、南京四地五所大学的演出。6 月 1 日上午，剧组从南京出发回苏州作短暂休整，也是为了等待"文华大奖"的最终揭晓——如果获奖，当天下午我们就要赶赴上海为参演闭幕式走台、排练；如果不获奖，次日直接去出席就好。

奖项揭晓前的时刻，说不紧张是假的，但连日的演出加舟车劳顿也确实让我失去了紧张的力气。在一早坐了四个多小时的汽车终于到家后，晕车的我既不想讲话，也没有什么食欲，躺在床上又睡不着，只好不停地打开手机刷新消息。下午两点左右，我接到通知，让我半小时内出发去上海，晚上走台。太高兴了，我悬着的心立马放下了一大半。立刻起身，上午带回来的大行李箱还没来得及整理，直接抽出几件换洗衣服塞在一个小箱子里。刚收拾好，司机已经等在门外了，我赶紧上车，手里也没闲着，挨个通知团里的演员、服装、化妆、道具，带好行头——即刻出发，上海汇合，晚上走台。虽然奖项还没有最终公布，但大家都心照不宣。

6 月 1 日晚上，在上海大剧院附近一个普普通通的快捷宾馆中，在那简简单单甚至有点简陋的房间里，我睡了 3 个月以来最香甜的一觉。6 月 2 日晚，"十二

艺节"闭幕式在上海大剧院如期举办。由于要参加演出，"文华大奖"正式公布及颁奖的时候，在后台扮戏的我真的眼睛都湿润了，还不停地看着化妆间里的监视屏幕；手边暂时没有工作的服装、摄影、宣传等同事瞬间都不见了——他们全都跑到侧幕，亲眼见证了这个激动人心的时刻：我们江苏省文旅厅厅长杨志纯上台领取了奖状与奖杯。

闭幕式结束后合影、采访环节，身边的记者来一波走了，又来一波；周围还有另外九个获奖剧目的剧组成员在庆祝。置身鲜花、掌声、互相祝贺的氛围中，在人群喧闹的那一刻，我才感受到真实的喜悦，这喜悦比当年个人得"文华表演奖"的时候更甚——这是我们集体的荣誉，是江苏苏州的荣誉，也是全体剧组近百号人两年来不断努力的结果，更是苏剧复兴的新希望！

第二天一早，坐上去南京的火车——《国鼎魂》南京河海大学的演出就在晚上，我们要赶过去排练走台演出。"文华大奖"是肯定，亦是苏剧再出发的新起点。

ıl 四

对话潘达于

苏剧《国鼎魂》从创排至今，已经演出上百场。每次开戏的钟声响起时，站在侧幕看着舞台上搭建起的潘家大院，灯光将开场的干冰烟雾映照出梦幻的色彩，氤氲在身边，我踏上台阶，心里默默展开了与潘达于先生的对话——这仿佛是一场场真实存在的对话，不仅仅是未改名的 18 岁丁素珍在舞台上与 102 岁潘达于角色间的对话，亦是我与真实的潘达于先生跨越时空的对话。

前面提到过，"贵潘"在苏州是家喻户晓的，但详细的故事并不为人所知。我姐姐曾经工作的地方，据说就是抗日战争时期潘先生埋鼎之处。我也只是在苏州的报纸上看过相关报道，觉得捐鼎的潘达于先生好了不起。那些为救国家于水火奋力奔走的仁人志士，那些为了民族独立和解放抛头颅洒热血的战士，他们都在历史发展中谱写着慷慨壮丽的悲歌。

然而我们对英雄的认知大部分都是停留在听他们的故事，感念他们为今日的幸福生活做出的贡献。一位把双鼎和无数文物捐赠给国家的普通女士，直到开始真正地走近她，与她同呼吸、与她对话，才真切地感受到那一代人的担当、信仰与执着。

在《国鼎魂》创排之初，我们主创翻阅了有关潘达于的历史类书籍，了解了鼎在中华文化中承担着重要意义。自夏朝起，鼎便是礼治天下的象征。直至战国末期，秦国拉开了法制天下的序幕。鼎作为国家政权的象征意义才逐步弱化，但它所承载的华夏之礼延绵至今。"礼正，则天下定；礼偏，则天下乱。"鼎承载的文化价值，已经融入了每个中国人的精神血脉。这正是"文运同国运相牵，文脉同国脉相连"的内涵所在！

南宋爱国诗人陆游有句诗说"纸上得来终觉浅，绝知此事要躬行"。2017 年的春天，我们《国鼎魂》主创班子来到上海博物馆，亲眼看到大克鼎的时候，心像被撞击了——硕大的器型磅礴庄严，饕餮纹与波曲纹精美错落，三千年的文化积淀深远厚重……太多的信息向我一股脑袭来，有一刻仿佛失聪，听不到身边工作人员讲解的声音。我想，在未来的日子里，将要和"你"发生许许多多的联系……哦不，是"你们"！

2018 年 3 月，去北京出席全国人民代表大会。开幕式的前一天有些空闲，在北京两位小友的带领下，来到了中国国家博物馆参观大盂鼎。北京的三月春寒料峭，记得那天风呼呼的，广场又很大，没有任何遮挡，我只好不断裹紧大衣。国家博物馆地处天安门广场东侧，此时位于天安门广场的入口处已经排起了长长的队伍。第一道安检要刷身份证，一向在这种事情上有点粗心的我，居然又忘带了！还好我记得人大代表证是可以在两会期间出入北京各大景点的，就掏出代表证问安保人员是否可以让我进去。他们用对讲机沟通后，

· 苏剧《国鼎魂》
创团队第一次
上海博物馆观
大克鼎

说可以，并询问是否需要在他们的带领下直接进去，我谢绝了他们的好意。于是我们三个人在风中继续排下一个队伍，两位小友有点不解："王老师不是很冷么，为什么不早点进去呢？"我没有回答，只把衣服裹得更紧了一些。

终于，见到了大盂鼎。大盂鼎是西周早期的青铜器，比大克鼎年代更早，虽然在制作工艺上没有大克鼎先进，但整体更加浑圆古朴，器型也比大克鼎大了一些。我绕着它走了几圈，蹲下来逐字逐句阅读展示拓片的鼎中铭文，这铭文已看过多次，然而真正面对大盂鼎的时候，我还是想再读一读。这是康王向盂叙述周文王、周武王的立国经验，也是剧中潘达于的公公在为她讲述鼎的重要性时提到的："他们怎样安邦？他们如何治国？……你知道吗？"那一刻，仰视大盂鼎，沉沉的厚重感压向我，带着跨越朝代更迭的坎坷，带着走过千年历史的沧桑。思绪突然被旁边前来参观的两位老人打断，我听到她们说"看，这就是大盂鼎"，"还有上海的大克鼎一起，都是潘达于捐献的"。我的心里生出暖意，离开大盂鼎的时候，莫名地向它拜了拜，在心里说："再见了，希望以后还有机会再次见到你。"

两会结束后，我回到苏州，《国鼎魂》开始了第一轮的苏州及周边地区巡演。很长一段时间里，那天去看大盂鼎的画面总是浮现在眼前，仿佛它真的曾经与我有关，是我生命的一部分。后来，在"十二艺节"演出前两日，我们部分主创再次来到上海博物馆看大克鼎，当时的参赛氛围让每个人都异常紧张，再次看到大克鼎，我长长舒了一口气："潘先生，有您庇佑我们，《国鼎魂》一定会成功。"

再次见到双鼎是 2021 年 7 月 12 日。为庆祝中国共产党成立 100 周年，上海博物馆举办了"鼎盛千秋——上海博物馆受赠青铜鼎特展"，大盂鼎南下，与大克鼎重聚上博，我从未想过有生之年能看到双鼎合璧。

这是剧组第三次来到上海博物馆。以往，双鼎都是罩在玻璃里，今天，它们与参观者之间只隔了矮矮的一条警戒线，那种穿越亘古的气息喷薄而出。它们肃穆、庄严、傲然挺立，周围的喧嚣是我们的，三千年的寂寞是它们的。我仿佛看到铸造它们时的辉煌伟大，看到战火硝烟中它们在地下沉眠，看到它们历经风雨终归宁静，凝视着往来驻足的凡尘世人。我想到潘达于先生回答儿孙为什么要捐鼎的那句很有分量却又轻描淡写的话——"把它们放在博物馆，让更多人看到，多好！"

是的，我们看到了，看到了这鸿宝重器，看到了它们身上承载的华夏文脉。但是潘先生，又有谁看到了您与它们同样的寂寞呢？守护双鼎，您做到了；传承苏剧，我们能做到吗？

· 苏剧《国鼎魂》
  创团队在上海
  物馆合影

· "十二艺节"演出
  前，苏剧《国鼎魂》
  主创团队在上海博
  物馆观看大克鼎

五

道阻且长，从未停歇

写下这一章节的时候，我已经从艺 45 年了。从小昆剧、苏剧兼学兼演，昆曲成为世界"非遗"后的十多年，致力于昆曲艺术，现在又转回到苏剧的传承与发展。这一路走来，欢笑、泪水、掌声、伤病与我相随，然而热爱与责任让我一直坚定地迈向前方。

2016 年，局里领导找我谈话，希望我出任新成立的苏州市苏剧传习保护中心主任，虽然最终我同意了，但其实心里也在打鼓，苏剧今后要如何发展，21个编制的传习保护中心如何传承保护一个剧种，一切都是未知数。好在有领导的支持，苏剧团从两个人到八十个人，没有大家的力量是无法完成的。在这过程中我个人经历了新的人生蜕变。

一直以来，我在工作中表现得比较"拼"，总是希望尽全力做到最好，尤其是在艺术创作上十分较真，有时候疲劳过度会导致肌肉力量不足，容易受伤。在《长生殿》演出前曾不慎脚踝骨折，还有一次是演出《满庭芳》后尾椎骨骨裂，以及排练时膝盖摔伤。这些伤给我留下了隐患，身边的人也总是提醒我保护好自己，然而《国鼎魂》带给我两次考验。

一次是在《国鼎魂》首次内部试演时，日程安排是第一天晚上和第二天下午演出两场，第三天全天录像。第二场演到日本人砍杀大毛后，照例悲恸得不能自已。我下场时需要从一个小平台上跳下去，当时一跳，感觉脚没站稳，整个人歪在了地上，前来接应我赶妆的小朋友赶紧把我扶起来，询问情况。当时完全沉浸在角色的悲伤与赶妆的紧张中，并没有觉得哪里不对劲，急忙换好下一场的装束，继续上场，直到演完，也没觉得哪里不适。

因为次日要录制，演出结束后，晚上我们要继续留在剧场排练。卸完妆就回到隔壁的酒店做短暂休息。九月初，苏州的暑热还未散去，演出后浑身湿透，加之彩妆、胶水残留在脸上到处都是，洗澡是必需的了。我冲了个热水澡便瘫倒在床上，看看时间，半小时后出发去剧场，时间刚刚好！这时我第一次感觉到脚踝隐隐地疼痛，然而连续的排练演出，非常疲惫，只想抓紧时间睡半小时。

等我起床准备去剧场的时候，左脚一着地才觉得很痛，低头一看，脚踝已经肿了好高。一边慢慢尝试活动脚部，一边脑子里迅速琢磨着——以我之前脚踝骨折的经验来看，肯定没骨折，没骨折就不妨碍！一瘸一拐地走到剧场，杨导和大家看到我这样全都围过来问，我觉得没什么问题，排练准时开始。

排着排着，大家发现越来越不对劲儿，有人拿来了止疼喷雾剂和冰袋，我就喷上药，冰敷一会儿，继续上场；后来杨导让我必须坐在椅子上完成走位。晚上十二点，排练一结束，大家就把我带到医院急诊。

医生似乎对这种脚踝扭伤司空见惯，在问询和诊断后，告诉我回家养着就好了，不用吃药也不用敷药，主要方法就是冰敷、休息。可是休息是明天以后的事情！我问医生，明天要演出，有没有什么快速止疼的方法？深夜一直有点睡意的医生突然睁大了眼睛——"什么？演出？绝对不行！没有方法，你就是要休息，最起码一个星期！"

从医院出来的时候，我还一直在自顾自地念叨："怎么就不能演出？我骨折18天不是照样演三本《长生殿》，明天可以的。"这话像是说给带我去医院的同事听，也更像是说给自己的。从医院折腾回酒店，已是凌晨，躺在床上想：怎么这么迟钝，早知道下午就不该用热水洗澡，也许晚上就不会这么肿。剧组上百号人明天等着开工，杨导百忙中赶来，还有从杭州请来的摄像团队，自己如果真的不能上场该怎么办？杨导一直挂念着我的伤势，她打电话安慰我说，如果真的不行，不要勉强，录像可以改期，但千万不能落下病根，这关系到今后的艺术生涯。我答应杨导，约定明天一早再定。

昏昏沉沉中我睡着了，早晨五点多醒来，赶紧摸脚，神奇地发现脚踝居然好多了，简直是天助呀！赶紧发消息告诉杨导：我可以！上午十点来到剧场，团里的小朋友为我的脚上了绷带，在绷带的固定支撑下，省力多了。就这样，我们完成了当天整整十二个小时的录制。晚上拆下绷带的时候，整个脚已经没了知觉，但很开心，感受到由衷的轻松：今天一切顺利！

如果这算一次"小考"的话，那接下来的"大考"让我重新意识到身体健康的重要性。2019年11月4日，《国鼎魂》计划在苏州的经济帮扶城市——贵州铜仁上演，这是苏州在精准扶贫之外一次深入的文化交流。铜仁地处山区，交通不算便利。11月2日，我们先乘坐了八个多小时的高铁抵达湖南怀化站，再乘坐三个多小时左右的大巴，抵达铜仁市区。出发之前的连日排练与诸多工作，再加上舟车劳顿，身体非常的疲惫。

11月3日，照例是演出前的对光、对景、响排流程，一整天的对光对景完毕后，晚上八点，响排准时开始。在排到第二场潘达于与丈夫潘家裕的一场对手戏时，我有个后退的动作。那天不知怎么回事，我身子往后退的同时，脚却像被人拽住一样，完全不听使唤——整个人瞬间往后直直地摔了下去，听到头撞击地板的声音后，我的意识便开始逐渐模糊。在保有的一丝清醒中，看到有无数张焦急的脸在我眼前晃，耳边嘈杂，有人在喊王老师，有人在叫救护车，有人说扶我起来，有人说不能挪动……各种声音离我忽近忽远。慢慢地，疼痛向我袭来，腰、背、头都疼。这时候已慢慢清醒，只觉得动不了。明天就要演出，我心里一团乱，想着千万不要影响，就叫他们扶我起来，躺在台上的道具床榻上休息。当时刚好铜仁文广局的局长在台下看我们响排，着急地跑上来问我怎么样了。我说先休息一下，过一会儿再排……我们团的陈书记、助理导演朱文元老师直接打断了我的话，说不行，今天肯定不能排，马上去医院。局长即刻联系了医院和医生。

我被担架抬上了救护车，去车程大概半小时的一个中心医院。救护车上面没有枕头，很不舒服，然后我又觉得胃里翻江倒海的，还没到医院就吐了两次，当时随车的同事都怕是脑震荡，因为摔的时候的确摔到了头。到医院已是深夜了，医生在问诊后直接安排我去做 CT 检查，结果显示第一节腰椎骨折。我听到后的第一想法就是摔断了也要演啊！医生就笑笑，说你动动看嘛，动得了你就演呗。我努力尝试起身，真是无能为力，根本动不了。

后来才知道，团里的同事们怕我逞强要演出，陈书记当时就安排人把舞台拆了，完全不给我机会了。当时确实也逞不了强，平躺着的时候只有头可以抬起来，肩膀要抬也不行。晚上是我的学生翁育贤在医院陪着，白天又来了不少同事陪我。看着他们人来人往的，内心特别难受，也很内疚，上百号人因为我一个人取消演出。上次崴脚第二天还可以坚持录像，这次是完全瘫在病床上了。

那天晚上，包括后来，想了很久都没想明白，为什么会摔呢？我怎么摔倒的？搭档假推了一下，应该借着他的动作顺势往后退，但是腿抬不起来，身体倒下去了。那时刚从日本冲绳交流演出回来去铜仁，一天都在换乘各种交通工具，晚上七点多吃饭，第二天八点多，到剧场去对景对光，可能注意力有点不集中。

当天医院给我挂了点滴。第二天我问医生挂的什么，他说是止疼的，相当于麻醉。我说不要挂了。当地领导很关心我的伤势，还给我送来增加营养的鸡汤。躺在床上，我心里着急得很，吃也吃不下，也不好意思大家忙里忙外的。既然不演出了，大部队就准备返回苏州，我决定和大家一起走，回家休息。经过一系列详细检查，医生最后答应让我回苏疗伤，但要求必须戴着护具平躺着，腰部不能震动。

11月5日，我们便踏上了回苏的路程。团里为我预约了特殊服务，救护车开到站台，再用担架把我抬到火车商务座上。直到火车快到站，我才给家里打了受伤后的第一个电话——怕妈妈和先生担心，我说腰扭了一下，走路不方便，在客厅的硬板沙发上躺两天。马上到家了，又怕救护车直接开到家门口吓到他们，让司机关了红色闪灯，但到家后妈妈和先生还是吃惊不小。终于躺在家里，才算是把悬着的一颗心放下来。

躺在床上看电视玩手机也不方便，每天的娱乐活动就是想以前演过的戏，把戏在心里默一遍，这样时间就过得快了。当时翁育贤一直和我在学《满床笏》，还差一点点没有学完，本来是准备从铜仁演出回来之后继续学的，这下没法排了，就在电话里教或她来我家学，还算顺利，完成了汇报演出。过年前的团拜会，安排我唱一段苏剧，也由翁育贤演唱。那时候她苏剧唱得还较少，又特别认真，所以就先唱好，录音发给我听，后来她又到我家来唱给我听。

关于我的伤情，当时龚正丰主任跟我说，半个月后可以动一动，但时间到了之后，我却还是动不了，龚主任说需要一个半月。妈妈帮我洗脚的时候发现我的小腿已经特别细，肌肉萎缩得很严重了。之后我只好在床上下意识地动一动、挪一挪，锻炼一下小腿的肌肉。一个半月的时候，我像小孩学走路那样，可以下地扶着走走。刚开始很痛，因为肌肉几乎失去了作用，就相当于是骨头和骨头蹭着走，浑身骨头都会痛。痛得最厉害的是脚后跟，都没有肌肉了，踩下去相当于就是骨头踩着地。问龚主任，他说伤筋动骨一百天。紧接着，突然爆发的新冠疫情让所有人不得不待在家里，我急着想上班的心情也只能搁置，又多了些时间在家里休养。

第二年天气转暖后，疫情逐渐平息，大家也慢慢恢复了正常生活。我第一时间就去团里了，开始只有上午去半天，后来慢慢就正常起来。等到演出市场完全恢复，排练、演出、讲座、采访、其他工作，我又像以前一样运转起来。

这场"大考"看似就这样结束了，但留下了不少后遗症——骨折之后，大量钙质释放，导致本就骨质疏松的我缺钙更加严重，骨头的伤口一直长不结实。医生说就像婴儿刚出生的头骨一样，是软软的，疼痛会伴随终生。另外，受伤后整体的免疫力下降很多，导致肾盂肾炎又复发。

回头看，这一路确实走得有点辛苦，尤其在面对伤病折磨的时刻，会暗下决心，以后再也不把自己弄这么累，再也不让自己受伤了！妈妈一直担心我，总希望我多点休息。偶尔也会想：退休吧，卸下所有的担子回归家庭，多陪陪妈妈，和姐姐们聚聚，先生为这个家付出了太多，儿子也长大了，我可以选择和他们一起过安逸休闲的退休生活。可是每次一到剧团，看到苏剧团的青年演员们都在努力练习不断进步，传统剧目《花魁记》与现代戏《国鼎魂》后继有人可以接班，新创剧目《太湖人家》成功献礼中国共产党成立100周年……一切都在向着更好的方向发展，又觉得之前的那些苦不算什么，都走过来了，并且肯定还可以再走远一点。

第七章　那些戏

一

杜丽娘的「然」

『最撩人春色是今年，少甚么低就高来粉画垣，原来春心无处不飞悬。是睡荼蘼抓住裙衩线，恰便是花似人心向好处牵。』

· 昆剧《牡丹亭·游园》

· 昆剧《牡丹亭·惊梦》

· 昆剧《牡丹亭·寻梦》

· 昆剧《牡丹亭·离魂》

《牡丹亭》是中国戏剧史上最伟大的作品之一。这部由"东方戏圣"汤显祖创作的浪漫主义艺术珍品，代表了明代戏曲创作的最高峰，至今仍焕发着迷人光彩。即便是非戏曲观众，也都知晓"原来姹紫嫣红开遍"的句子。

该剧亦是昆曲舞台上四百年久演不衰的代表剧目，是每个闺门旦演员都会演出的剧目。我与这部戏亦有着不解的情缘，它不仅仅承载着昆曲与我割舍不断的情结和艺术成长历程，更呈现了几代人对昆曲艺术的坚守与向往，承载了昆曲人的梦。

ⅰⅰ 学习初领会

我在苏昆剧团学员班的时候，就向沈传芷老师学习了《牡丹亭》中的《游园》《惊梦》两折。沈老师经常对我们说："昆剧最高境界是'然'，所有的形体要和人物结合，化为人物的自然行为。我们昆曲在舞台上要达到诗化，不要瞎忙。"那时候年纪比较小，虽然记住了老师说的话，却并不能完全消化运用到自己的舞台实践中。

20世纪80年代初，文化部在苏州举办全国昆曲学习班，邀请"传字辈"先生教戏，主要教授对象是"继字辈"老师；作为"弘字辈"的我只是旁学，趁这个机会跟随姚传芗先生旁学了《惊梦》和《寻梦》。那时候不像现在，学戏有录音录像，课上消化不了，回去再复习。当时只能用自己能看懂的方式把身段逐个"画"下来，再标上舞台地位——台中、台口、上场门、下场门……然后慢慢理解、学习。

这两次的学习还都比较懵懂，虽然很努力地将老师教的唱腔、身段尽量做到最好，但还不能做到将程式与人物融会贯通，更何况二十岁左右的我，对角色的理解只是听老师讲，更深层面的内容、人物立体的多样性，当时还不能领会。

1988年，全国昆剧院团赴香港演出前在北京进行集训，《牡丹亭》这一剧目汇集了来自不同院团的四位"杜丽娘"，我的任务是为老师们配演丫鬟春香。那是我第一次近距离观看张继青老师演绎的杜丽娘，一下就沉醉其中，完完全全地被她迷住了。张老师当时50岁，要演一个16岁的少女，年龄差距较大，但当她站在舞台上，她的一颦一笑、一唱一动，就是天然的少女！她不是在表演，她就是杜丽娘！

· 张继青与王芳（2000年首届昆剧艺术节闭幕式演出后台合影）

我突然理解了沈传芷老师和我们说的"昆剧的最高境界是'然'"这句话的真正含义。于是，无论张老师排练还是演出，我都会站在边上或侧幕默默地看，就是从这个时候真正爱上了《牡丹亭》，真正爱上了昆曲。

张老师见我这么执着，便对我说："你这么喜欢，那来南京跟我学呀！"我当然不会错过这个机会，便去南京跟随张继青老师学习《游园》《惊梦》《寻梦》《写真》《离魂》。就这样，完成了昆剧《牡丹亭》中旦角主要回目的学习，并于90年代末在苏州首次演出一本《牡丹亭》。

· 张继青与王芳合影

跟随三位老师学习《牡丹亭》的

经历让我逐渐成长，这不仅仅是在表演上的成长，更重要的是有了触类旁通的新领悟。

ⅠⅠ 舞台再创作

从初学到现在，《牡丹亭》已演了几百场，是我演出次数最多的剧目之一。杜丽娘是汤显祖笔下反对封建礼教、崇尚爱情自由的典型代表，她于我而言，不仅仅只是个角色，更是活生生的、具有复杂性格的"人"。

《游园》中的她是带着春困上场的，"梦回莺啭"四个字唱出来要有一点慵懒，这份慵懒一定要含在她少女的青春蓬勃中，毕竟她才十六岁，这样能显示出一个女孩儿刚睡醒时的那种可爱蒙眬。

接着她开始梳洗打扮，就像咱们生活中要出去游玩的小姑娘一样，对镜簪花、轻点檀口、淡抹胭脂，这三个动作要一气呵成，既要体现她对自己容颜的欣赏，又要演绎出少女的纯真。

妆毕后她会对春香唱"可知我一生爱好是天然"——不熟悉《牡丹亭》的观众常常会对这句话有点误会，觉得杜丽娘的爱好如果是"天然"，那她之前那些繁复的打扮是为什么呢？这里"爱好"的"好"字，是应该读上声的，也就是杜丽娘在表达：热爱美好的东西是我天然的个性。正是基于她对美好事物的追求和向往，后面发生的一切才顺理成章。

到了《惊梦》一折，杜丽娘在梦中见到了书生柳梦梅，她既渴望，又害羞。在与柳梦梅对话的时候，她的手要慢慢从腰间伸出，仿佛在暗示柳梦梅，"你来拉我呀，我是愿意和你在一起的"。在与柳梦梅同唱"早难道相逢无一言"时，两手的食指要轻轻搭住，表现她对柳梦梅的不舍，这种不舍要含在她少女的娇羞之中——手指既不能放开，又要轻，这些细节要求演员对"度"的把握十分精准，太过了显得人物不矜持，不到位又体现不出她浓郁的"至情至性"。

接下来是《寻梦》，杜丽娘的出场要用小而轻快的步子，多用脚尖，表现出她是背着春香来到花园中寻找梦境，心中充满了热切期盼。在念出"正好寻梦也"这五个字的时候，"梦"字要出口极轻，然后快速收回，以表示杜丽娘对梦境的向往，希望它完整美好不要破碎。

她穿梭园中，突然身子一顿，"一丝丝垂杨线，一丢丢榆荚钱"，手腕用巧劲儿轻轻拨开，再回身抬头观瞧，观众一下就明白了——哦，原来杜丽娘的发丝不小心被柳枝挂住了。这就是戏曲独特精妙的虚拟性。作为演员，你不仅要让观众在空无一物的舞台上看到柳枝，看到挂住的发丝，更要让观众看到这一系列动作勾连出的杜丽娘无限的内心憧憬。

戏曲舞台上有些程式也许看起来差不多，其实存在着细微差别，这种差别观众也许不能从技术上察觉到，但一定能从情感上感受到。比如《离魂》中，杜丽娘已是病入膏肓，需要以"病步"亮相出场。"病步"与"醉步"看起来都是走几步晃一晃的样子，其中有什么差别呢？

同样是晃，"醉步"是往上浮，"病步"是向下沉——醉酒后人的状态是亢奋向上的，像是被一只看不见的手"拎着"，有种飘飘然不受控制的状态。而生病后，整个人的状态都是朝下的，仿佛被地心引力控制住了。演员在演绎"病步"的时候，所有气息都要尽可能的向下沉，重心压低，腿里像灌了铅似的。

《离魂》中的杜丽娘，此时她已经经历了寻梦而不得，写真而寡欢后，内心的抑郁和身体的病痛压得她再无一点力气，只剩心中的那份"至情至性"在勉强支撑着她。此时她觉得"死"反倒是种解脱，才会挥泪告别母亲和春香，含笑归泉。

杜丽娘的这份"至情至性"在不同阶段有着不同的表现，贯穿了《牡丹亭》全剧——《游园》是纯真甜美，《惊梦》是娇媚含羞，《寻梦》是纤质含愁，《写真》是清雅真挚，《离魂》是向死而生：每折戏的主基调都有些许不同，但它们又是和谐统一的，是同一个杜丽娘。

戏本是假，但假中要有真；生活是艺术的源泉，艺术是生活的显微镜。演员不仅要懂得分析人物，还要善于观察生活、深入生活，从戏中找到比生活更新、更美、更引人入胜、更发人深思的诗情画意，才能把人物的"真"演绎出来，达到昆曲表演的最高境界——"然"。

ılı 感悟及传承

这出戏我受到过三位老师的教导，每位老师身上都有各自的"闪光点"，在学习时，很想将这些"闪光点"都学到。以前，我特别喜欢张继青老师的唱，会刻意模仿张老师的声音、唱腔、吐字。后来，我逐渐明白，每个人条件不同，不能完全照搬，要演出自己的"闪光点"。

我已将《牡丹亭》传承给翁育贤，另外也有一些学生，如朱璎媛、王悦丽等，向我学习了部分折子。除了教授她们唱腔、身段、人物塑造等艺术技巧外，我还常常对她们说，你们要演出自己个性化的东西，否则戏路会越来越窄。

正所谓"学我者生，像我者死"，艺术创造的过程就像写毛笔字，开始是"描红"，学习模仿老师的每一个动作，不能出格；接下来是"临帖"，领会其结构和含义为我所用；最后才是"出帖"，在之前的基础上进行具有主观能动性的艺术创作，形成独立的艺术风格。

艺术是超现实的国度，我们所有的表演和附着的意象，都要做到尽美尽善，才能引发观众的感触。然而，"言有尽而意无穷"，比如《寻梦》中，虽然杜丽娘只在后花园一隅，范围很小很小，也没有过多情节，但是通过演员的表演，能够展现的世界很大很大——这部分是要留给观众自己去意会、去想象的。我常对学生说，那些未表现而含蓄无穷的部分十分重要，需要演员通过自己的演绎，引领观众的思维，从而共同创造出一个理想的艺术国度。

想要引领观众，演员必须要根据不同的舞台与剧场调整表演技巧——这是我教授学生时的重点，是我多年表演积累的一点经验。舞台剧场就如一把扇子，演员表演时处在扇柄上，观众分坐在一条条的扇面上，二楼三楼的楼座就是扇面的层层叠叠。演员在舞台上的演绎一定要照顾到上下左右的全场观众，不论哪个方向，不论哪个层面，缺一点都不行。要必须让每一个观众都看得清清楚楚，都觉得你在为他表演、与他对话、向他诉说。

想要达到这个要求，就要采用相应的表演手段，因此就有了表演规律——欲向左必先向右然后至左，反之，欲向右就必先左而后至右。比如，杜丽娘的站姿是前脚尖朝左，那么身体和头部必朝右，反之亦然。每一个身段，观众从台下各个方位都应看得清、看到美。

《牡丹亭》有它独特的艺术魅力，除此之外，昆曲还有许多珍贵的宝藏。将规范、完整的表演艺术传承下去是我的心愿——老师们如何教给我的，我会一招一式、毫无保留地传给我的学生。戏曲讲究"口传心授"，我会把几十年的舞台积累以及自己的感受体会告诉学生，希望他们少走一些弯路，能够更好更快地在舞台上成长。

二

我演杨贵妃

『天淡云闲，列长空数行新雁。御园中秋色斓斑：柳添黄，蘋减绿，红莲脱瓣。一抹雕阑，喷清香桂花初绽。』

· 昆剧《长生殿·絮阁》

昆剧《长生殿·定情》

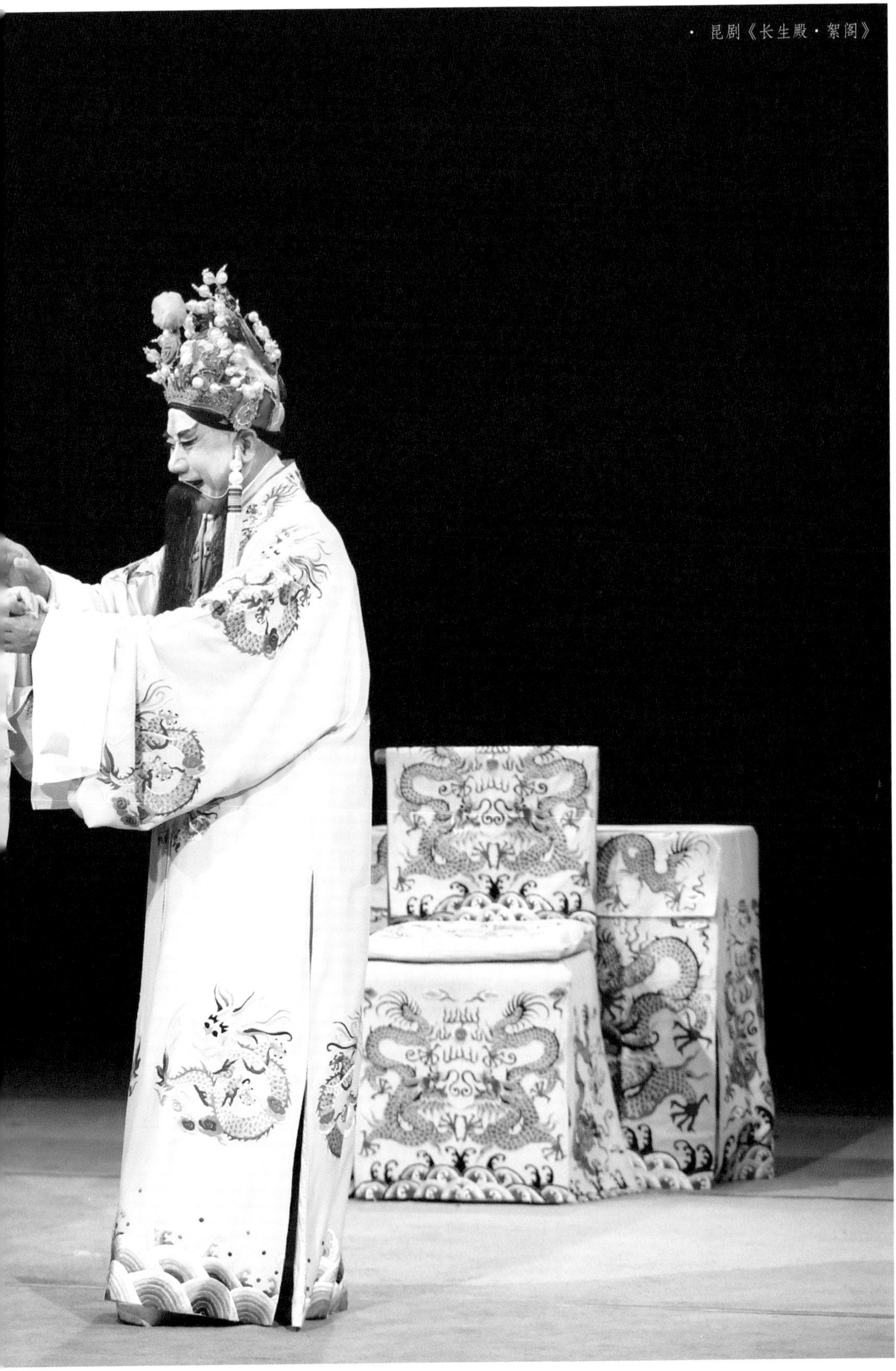

165　　　　　　　　　　　　　　　　　　　　　　· 昆剧《长生殿 · 密誓》

· 昆剧《长生殿·小宴》

· 昆剧《长生殿·情悔

大家都知道杨贵妃是中国古代四大美女之一。"环肥燕瘦"，我不胖却要演杨贵妃，乍听起来有点难，但戏曲演员追求是神似而不是形似。洪昇笔下的杨贵妃，更注重的是表演情感上的"丰腴"——从神韵着手，减少演的成分，以情出形、以神带形，达到情与形的完美结合，给人物注入生命。

小时候，我们跟沈传芷老师学演过《长生殿》中的折子戏，但那是模仿阶段，对戏不理解，也不知道人物情感的贯穿。顾笃璜先生导演的三本《长生殿》是他的晚年代表作，也是继苏剧《五姑娘》之后由顾老再次导演的大戏。他原是我们的领导，也是导演，跟着他排戏，学到的知识是方方面面的。此次排演让我超越了以往单纯的"临摹"，让我对杨贵妃的理解上升到新的层次。

杨贵妃从结婚到死、到升天，虽然年龄跨度不是很大，但却横向跨越了人、鬼、仙三个阶段，我希望带给观众不同的杨贵妃形象——第一本《定情》是她刚结

婚时热烈淳朴的感性阶段；中间的《惊变》《埋玉》呈现出她非常成熟的感情观、人生观；后面她成鬼和成仙时，则变成理性的、道德的。下面我分别聊聊个人对杨贵妃这一角色的理解和塑造。

⊪ 人

刚开始排的时候，顾老要求要演出人物的灵魂——显出杨贵妃的才华，以及能够掌控全局的能力。随着排练的推进，我才发现表达出这些还远远不够，要对杨贵妃刨根问底——这位众说纷纭的历史人物，绝不仅仅只靠天生丽质就能够参与唐朝历史的进程，她到底是怎样的呢？

我查阅了关于杨贵妃和唐明皇的史料，努力体会。杨贵妃是很成熟、很有智慧的女性，在与唐明皇的相处过程之中，她是一步一步把握情感，并不是之前就策划好的，而是走一步、看一步，走一步、把捏一步，整个过程很自然流畅。她善解人意，知道唐明皇想什么需要什么，就去迎合他的想法，去理解他，同时也不失

自己的想法。正是在这个过程中，流露出了她的智慧与可爱，唐明皇因此才喜欢她。这是个很饱满、不令人生厌的人物。理解了这些，才能更好地在一开场就把握好人物的基调。

《定情》是全篇的开场戏，金碧辉煌的宫殿上彩灯高悬、仙乐飞扬，如何在宏大的场面中表现出"三千宠爱在一身"？必须要表现出杨贵妃的与众不同。此时的感情要定位在：由衷的欢欣和发自内心的幸福感。在这个基础上再自然地展现出她的国色天香和娇艳高贵。

"臣妾寒门陋质"谦诚地道出欢欣和幸运，要低眉颔首；"怕庸姿下体，不堪陪从椒房"神情娇柔，委婉地传达娇羞和不安；"惟愿取恩情美满，地久天长"表现出由衷的渴望。此时唐明皇面对娇美的杨贵妃顺情而出，"偕老之盟，今夕伊始"，二人钗盒定情自然水到渠成。

我们要拿捏好尺度，包括眼神和肢体。比如，"相依相偎"这个

动作究竟靠到哪里，才能让观众感到爱情的美好回味呢？每一次位置都要准确，如果不到位，就会像个无知少女；如果过了，就不高贵了，这是需要多次排练才能找到感觉的。要让观众感觉到杨贵妃不仅是美丽大方的，是高雅的，对这份感情更是真诚由衷的。这样观众才会从心底祝福她和唐明皇的爱情，后面的《絮阁》《密誓》才能顺理成章。

《絮阁》是经典折子戏，传统上处理比较简单，单纯表现为杨贵妃的妒忌、泼辣。不过，我认为这是全部《长生殿》中，很能展现杨贵妃内心的一折戏，也是最丰富、最复杂、最富有层次的一折戏。它非常具有戏剧性，有完全不同的两组人物关系和两条情绪线，台上三个人物性格非常分明，所有人的表演都要紧紧围绕一点——杨贵妃对唐明皇的爱。

杨贵妃已经忍受了一夜唐明皇夜宿梅妃的气，天一亮就直闯翠华阁问个究竟。这时她本质是焦躁的，但她表现出两副面孔——对高力士是又怒又傲，对唐明皇是

因为爱产生的嗔怨。前者是主子对下人的骄横，后者是女人对男人的责怪和妃子对皇帝的敬畏，这些我们大家都好理解。但是，这出戏里特殊的帝妃之情该如何去表达呢？

首先要明白，帝妃之情大大有别于男女之情，皇帝是拥有绝对主动权的，妃子是绝对弱势一方。杨贵妃希望的是拥有唐明皇唯一的爱，但作为封建皇帝，唐明皇不可能做到，等于杨贵妃把常人的要求强加到了皇帝身上——她追求的是普世的爱情，她像常人一样，既怨恨、吃醋，一股脑儿地发泄委屈、怨气，还要察言观色、亦步亦趋，害怕闹得过火失去宠爱，想办法让唐明皇知错就改……表演上要牢牢抓住这些，用细微的眼神、动作、表情一层一层积累起来，准确地传递给观众。

《絮阁》首先要表现的重点是醋意。眼神上多用斜睨，发音上加重鼻音，表现她的嫉妒和娇媚——嫉妒也可以从另一方面体现她对唐明皇的爱，对他的独占之心，让人物更加立体。

杨贵妃有个掀开桌帘查看的细节，她一边仿佛不经意地呼唤"陛下"，一边蹲下顺势掀桌帘——这里要做得自然流畅，就像生活一样，显示出贵妃的机智。然后搜的时候，要带有略微夸张的假笑，还要旁敲侧击"只怕俏东君春心偏向小梅梢"，边问候边打诨。突然她发现了一只凤鞋一只翠钿，抓到真凭实据后，强压怒气发出疑问，她还在用国家大事训斥唐明皇"可怎生般风友鸾交，到日三竿犹不临朝"来表明自己是个深明大义的人，这是她的聪明过人之处。唐明皇非但难以翻脸发怒，还不得不勉强起身视朝。

在戏里，唐明皇表现得很心虚，对她也很宠爱，使得杨贵妃更恃宠而骄，更霸气。等他在高力士的安排下顺利脱身，顺着贵妃意思要出早朝离开的时候，杨贵妃把高力士当成了出气筒，怒气冲天，厉声呵斥"你瞒我做的好事"，展现出主子对下人的高傲。

杨贵妃的态度强硬，但实际上内心忧心忡忡，不知道即将到来的是福还是祸。高力士一语道破了杨贵妃心中的焦虑："如今满朝臣宰，谁没个大妻小妾"，"莫说是梅亭旧日恩情好，就是六宫中新窈窕，娘娘呵，也只合佯装不晓"。杨贵妃顿时气馁——是呀，我这么闹能有什么好处呢？如果一直闹下去，他把我打发了，不就什么都没了吗？但她内心是不甘的。

唐明皇再次回来时，杨贵妃换了一种策略——哭，要让皇帝感觉到的哭。这里表现的是她的娇嗔。杨贵妃很会察言观色，当看到唐明皇笑了，立刻撒娇发嗲，甚至取出钗盒假意交还，以退为进。当她用余光发现唐明皇表情稍有变化，马上收敛放肆，装作委屈。这里一定要战战兢兢，这样才符合贵妃的人物地位。尤其要通过小动作，比如水袖的缠搅，身体的俯仰，脚步的进退，配合念白的快慢、语气，脸上的表情等，用外部的细微变化衬托出内心的复杂波澜。

这部分一定要非常注意娇嗔的分寸，否则很容易招致观众反感，破坏了人物整体形象。观众反感，唐明皇肯定反感，就无法推动后续杨贵妃再次赢得圣心的情节。演员要牢牢把握住贵妃的身份，无论娇嗔或委屈，都要有节、有度。

后面唱《水仙子》，要有怨、有喜悦，更要有满满的真诚，才能让观众感知这个杨贵妃是很重情、很懂事的温柔可爱的女性，抱以同情和理解，这样大家才会被打动，进而和唐明皇一起怜爱杨贵妃。

杨贵妃有三次"嗳……是"的反复，配合三次有节度的拒绝和三次故作不情愿地撒娇式的扭身。这三次尺寸完全不一样，既要表现出杨贵妃的不满，还要不得不听唐明皇的召唤，但内心呢，绝不就此干休，她一定要让唐明皇知道她对他真切的感情！她在这里是把握着唐明皇的情绪走的，内心一定要清晰丰富。

下场时，杨贵妃背着唐明皇的窃笑，是我们在排练中反复推敲、琢磨出来的。怎么笑呢？不到位，观众感觉不到；笑过了，观众会觉得这个女人很狡猾，是故意要手段：尺度的把握很关键。这是偷笑，是连她自己都觉得这个事情很好笑的笑，是经过一夜斗争之后小小的胜利，她心中的含而不露的小得意、小满足，更重要的是表现出她作为女性对长久圆满爱情生活的向往，是人物"娇、慧、妒"的充分展示，给这出戏做个小总结，气氛松一松，画上完满的句号。

后面再加上一个表示满足的歪头动作，让人觉得有点可爱——"唐明皇都向我认错了，你还爱我的，对不对？"每次下场的时候，观众都能意会到，也会和我一起笑起来，然后鼓掌，《絮阁》结束。

《制谱》是杨贵妃才情的展示。为什么她会被唐明皇专宠十六年呢？难道仅仅是因为貌美聪明？我想肯定没有这么简单。

唐明皇是梨园行的先祖，史书记载他颇通音律，对舞蹈也很有研究，还组建过宫廷乐队。那么在《制谱》中我们可以很容易找到答案——杨贵妃和唐明皇在音乐上有一致的情趣追求。如此具有

音乐天赋、善解人意的女子谁不爱呢？虽然制谱制的是神仙之乐，实际上是杨贵妃为君王而作，在作品中融入了对唐明皇浓浓的爱意，是才情的升华，抓住了这点，表演就不再是单纯地写写画画、跳个舞，所有的动作都有了目的、有了灵魂。

《制谱》先有一大段唱，表现杨贵妃记载《霓裳羽衣曲》的情景，这段要安静、恬淡，突出她内心对纯真感情的向往。《舞盘》就是跳霓裳羽衣舞，前后一静一动有个对比，观赏性比较强。

我看了很多不同版本的《舞盘》，每个艺术家对霓裳羽衣舞都有不同的理解。这段短短的舞蹈在三本《长生殿》这出大戏里，我认为，只要从人物心理把握外在动作，把情感高效率地传递给观众就可以了，形式上不必过多拘泥。

我们没有采用多旋转蹬踏的、有力度的胡旋舞；为了突出戏曲和人物特色，我们吸收了一些民间舞蹈和武戏动作，用水袖和伸展相结合，动作幅度虽不大，但是

视觉上造成了水袖翩翩的婆娑仙女形象。整体比较简约精巧，姿态轻盈有节，表现出杨贵妃的灵慧、娇柔、幸福。这样的表演风格也是和《长生殿》全剧相协调一致的。

之后的《密誓》也是和《制谱》一脉相承，"在天愿为比翼鸟，在地愿为连理枝"，唐明皇和杨贵妃的故事大家早就耳熟能详了，为什么一次次被搬上舞台的时候，仍会受到全世界人民的热烈欢迎呢？就是因为可以引起共鸣，爱情是人类永恒的主题，不管在地球的任何一个角落，当你心中那部分深藏的情感被唤醒时，你会觉得找到了心灵归属，会有信任感、认同感，整个人会觉得变得柔软幸福起来。

在戏里，我们对杨贵妃和唐明皇的演绎要抛开表象，用最本真的面貌去呈现最普通也是最珍贵的爱情，他们不是什么帝王妃子，就是普通的人间男女，观众自然会心向往之，由衷地信服，由衷地给予赞美和祝福。

《密誓》整体没有戏剧性，突出的是"深情"。杨贵妃前面的"拜告双星"越虔诚，后面的海誓山盟就越显得动人。她是以人间的感情去对待自己和唐明皇的爱的，希望能和普通人一样，和唐明皇白头偕老。但她深知不能，在望向牛郎织女星的时候，不禁忧从中来，"若得个久长时，死也应；若得个到头时，死也瞑"这段的表演是喃喃自语的，是说给自己的。

杨贵妃非常非常真诚，非常非常期盼，但观众心里很清楚结局——后面就《惊变》《埋玉》了。她的情越深、越真挚，观众的心越痛，对这份情的感受就越深刻。

《惊变》是全部《长生殿》的转折点，前半部是"小宴"，两个人的欢娱达到顶峰，后半部"哗变"急转直下，"安史之乱"打破美梦，葬送了杨贵妃，她由此从"人"转变为"鬼"。这是传统戏，是昆曲中的经典，很多剧团都排过，对我们的要求更高。

"小宴"整个都洋溢着快乐和甜蜜，前面的戏越沉醉、越甜，才能越凸显"哗变"气氛骤变的紧张与凝重。杨贵妃沉醉在唐明皇陪伴她的爱意里，似乎别的什么都看不到听不到了……

刚出场的合唱，基调要奠定好，她所有的水袖、小转身、小碎步，包括唱念的音调、表情，都要充满柔情蜜意。表演《清平调》的时候，虽然她已经饮酒，但没有醉酒，她是情醉、意醉，为爱情而醉——肢体上是美的，完全协调的；意识上却是醉的，不仅要风情万种，还要开心、沉迷。她这个时候是完全得宠的，特别畅快地在皇帝面前展示才艺。

之后唐明皇兴起，频频举杯劝酒，直到杨贵妃醉意阑珊。这个时候她才是真醉，她的醉态要足够妖娆，才能引得唐明皇性情勃发，调笑引逗她。这里的表演是个难题，杨贵妃不能醉得低级，要有韵味。

艺术来源于生活，我们可以用日常经验来帮助理解。喝第一杯的时候，杨贵妃肯定没感觉。第二杯的时候，她觉得有点热。第三杯开始兴奋了，表现是什么呢？脖子要往后靠，有点不受控制，眉飞色舞。姿态和表情一变，观众和唐明皇就都知道了——她有点喝多啦！

唐明皇就是要看她醉嘛，因为觉得她喝醉了美，就继续灌她。杨贵妃心里是很清楚的，这里表现就很反常规，一边拒绝说"我真不能再喝了"，一边继续喝，在这里头和手都是朝外推的。

到后面真醉的时候，脚步很飘，身子很轻，嘴皮子也不听使唤了——出音不出唇，声音出来但嘴没张开，动作和语言不仅不在一个节拍上，还都是反的，而且很迟缓。和我们在生活中看到喝醉的人一样，身体已经醉了，脑子却坚持觉得自己没醉。

"渔阳鼙鼓动地来，惊破霓裳羽衣曲"，"安史之乱"打破了甜蜜的氛围。《埋玉》里的杨贵妃是逃亡的茫然，被讨伐的凄然，还有求死时的淡然，临死的坦然。她在危机中主动承担苦难，是求死的；要突出的是她对两人情缘中止时候的万般无奈与遗憾，为最后两人月宫重圆做好铺垫。

这里有三个"啊呀"是精心设计过的，通过完全不同的声音表情，一层一层地塑造人物心境。

杨国忠被杀的时候，局面混乱，杨贵妃得知消息连喊两声"啊呀"。第一声是惊，她急速从椅子上弹起，再缓缓坐下——这里反映的是杨贵妃内心的激烈情形，她为亲人的被杀感到无比震惊，但江山破碎，她和唐明皇在逃亡路上，只能任凭局势发展。"啊呀"的出口爆发力要很突然，仿佛受惊了，然后缓一下，表现她内心的斗争，节奏要顿挫。第二次"啊呀"则是她对陈元礼不能掌握局面的埋怨和愤怒。

当她听到军士高喊"不杀贵妃、誓不护驾"，陈元礼逼迫唐明皇"割恩正法"的时候，她不禁又爆发了一声"啊呀"。这次音调要更高、情感更激烈，要非常具有爆发力和穿透力，把整个气氛都推上去——她是彻底被震惊到了，她完完全全没想到底下作乱会殃

及自己，自己都是贵妃身份了，陪伴着唐明皇还能把性命丢掉。

这三个"啊呀"用嗓的分配十分讲究，从事不关己到被迫捐生，三个"啊呀"一高一低再一高，最后要控制在破音的边缘。杨贵妃传统上是闺门旦应工，此处参考了正旦，也就是"雌大面"的发音方法，更具冲击力，将不同的声音表情分配在最恰当的时间、最合适的情节里，才能出情。

"望吾皇急切抛奴罢，只一句伤心话。""望陛下舍妾之身，以保宗社。"杨贵妃是因为对唐明皇的爱，不舍离别，又自愿为他而死，这样才能让后面一折《冥追》更有说服力。

唐明皇割恩后，杨贵妃内心极其痛楚，这时候她感到大势已去，悲哀且绝望，"从今以后再也不能相见了"，杨贵妃是坦然中的无奈，念白几乎都是喃喃自语的，她将给唐明皇的话念给了高力士。这一大段念白是给爱人的话，语气音量要控制住，要让观众感到爱情逝去的不舍、无奈和给贵

欲加之罪何患无辞的委屈，要哀情，要痛，才有令人肝肠寸断的艺术效果。

这里有两段表演需要背对观众，后背要有戏，千万不能松懈掉。自缢之前，贵妃踏入佛堂，跪地，这时候她背对观众，肩膀一定要往后。观众是看到不到演员眼神的，只有靠身体姿态，肩膀往后观众才能感知佛堂的高大，杨贵妃在和佛像对话。《埋玉》的表演很大程度上就是靠变化，比如念白的快慢、表演的张弛、声量的大小、呼吸的轻重等等，根据所需来变化、做对比，观众才能感受到人物心理的变化，感知剧情的推进。

其实《惊变》《埋玉》我们很小时候就学过，杨贵妃临死时请求唐明皇让她去死，唐明皇就同意了，杨贵妃喊"万岁万万岁"。当时演时的内心独白"你真的舍得我死吗？是真让我去死吗？"这是一种不舍的感觉。但这次排戏，顾老要求——要真心实意地去讲这些话，要表达出真的愿为唐明皇去死的感觉，这是质的区别。

以前旦角戏，演到《埋玉》就结束了，但我们现在是演三天，后面还有戏，杨贵妃在地下、唐明皇在人间相思。没有这种真情为基础，戏就演不下去了，相当于唐明皇只顾着自己的江山，杨贵妃死是抵命，正好逃跑。后面唐明皇失去了皇位，没了权势，才思念杨贵妃。观众一定会觉得很厌恶，这个人怎么这么无情？显得唐明皇不真诚。顾老的改动就是将所有善良的戏份都串联起来，演员要演得真情实意。

比如《埋玉》最后，杨贵妃说"这株梨树是我杨玉环的葬身之处"，不像我们小时候学的那样很痛苦的表演，而是要含着苦笑——没想到我会死在这株梨树下，我的命就交给你了！这样的舞台表演看起来不痛苦，但痛苦的是观众，会觉得很心酸。杨贵妃再回头拜别唐明皇，"今后再也不能相见了"，观众对那种生离死别的痛苦感一下就起来了，整个戏的感情就能推到很高的层面。

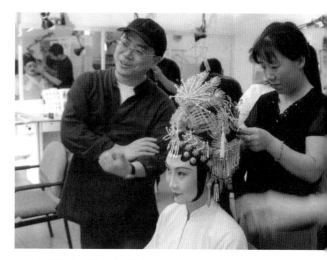

· 叶锦添与正在扮戏的王芳

后面的三折鬼戏，"传字辈"老先生没有演出过。杨贵妃又不同于李慧娘、阎婆惜等——她们是怨气很深的，带着复仇的心理来的。杨贵妃的形象应该是善良美丽的，她是带着对唐明皇的爱情，和因她带来灾难的悔恨而来的。三折戏形象、情绪上没有多大变化，怎么样才能不让观众感到雷同呢？

第一折《冥追》的表演主要看的是"追"，是完全传统的程式化的。杨贵妃此时刚从人变成鬼，行动思想上都很模糊、很莽撞的。她可以看到唐明皇，但唐明皇看不到她，她面对唐明皇着急地表示：我在这里，你怎么看不到？观众就会被杨贵妃调动起来，很心焦——这里是我们新排的。

她看到唐明皇的銮驾从身边走过，用小圆场快步追上、急扑、闪空，被阻挡之后无奈地转身，这里要做得行云流水。她还以为他能看到她呢！当皇帝茫然无所知的时候她才意识到不行。这里运用水袖和身段技巧，来表明二人阴阳相隔的痛苦和哀怨。

《情悔》是杨贵妃的关键转折点，在这之前她是个飘飘荡荡的游魂，在这之后她有了心灵的升华。《情悔》专写杨贵妃的自责和深深忏悔——我在人间虽然没有错，但一切祸端都是因我而起，哥哥挟势弄权，不都是因为我贵妃的身份吗？千错万错都是我的错，但我的情是真的，"只有那一点痴情，爱河沉未醒"——她不是为了要升仙去忏悔，是为了结自己的心愿，这是特别关键的地方，只有这样才能把后面的戏说通，感动上天，成为仙子，然后《尸解》《重圆》。

在人物塑造上，尽量减少身段，以唱为主，这里的声音要和之前做"人"时候的声音区别开。参考了京剧程派的发音方法，多用鼻腔共鸣、脑后音，嘴皮子不动。这种处理方式感觉较为低沉、悲伤、空灵。她的唱就是诉说、是悔恨，比如手势她要很慢很慢地指出，要下意识地，眼睛是望向上天的，观众能看到你的手，但情绪是被演员的眼神带领的。

ⅲ 仙

《尸解》一折，杨贵妃成鬼已久，已经意识到再也不能与唐明皇相见了，只得回宫重温回忆。这里要用眼神表现出杨贵妃在美梦中游荡的感觉，直到感动织女使其尸体上升成仙。

演出时，我在桌子后慢慢升起来，眼睛微眯，等人完全到台上再突然睁开。在静场中，双手摸脸、抱臂，快速转身，来表现杨贵妃已经成仙的过程。成仙后，所有的肢体动作要变化，要和人、鬼区分开。想一下咱们在寺庙里看到菩萨的指法手印，不是旦角的兰花指吧！杨贵妃成仙后，指法要变化的，这样杨贵妃的人、鬼、仙三个阶段就丰满了。

《重圆》是倾注了我们所有人心血的一出，没有样板可以参考，完全是新的。我们想到影视剧中最动人的情节是两个人时隔多年之后重逢的场景，唐明皇和杨贵妃最终相见作为《长生殿》的结尾，一定要达到震撼人心的效果。

唐明皇正在环顾月宫，这时杨贵妃急上，节奏很快，呼唤着"皇帝"，二人在云朵道具相隔的空间走大圆场，互相寻找。然后突然对视、发现对方。这时我们没有马上拥抱在一起，而是两个人远远的。观众老觉得他们应该快一点啊快一点！可就是没有靠近，这时候对观众情感冲击力很大的。顾老说："你们有多少本事，就停多长时间。"我说那就等到我们都难受了再往一起走。这个等的过程，演员的呼吸一定要屏住，我们屏住观众才会屏住！两个人就这样一步、一步，怎么还不在一起？还要再转一圈？还要对着互相看——这么多年，你老了，也变了，你还好吗……就是这样，有千言万语不知道从何说起的感觉。

在这之前，戏的节奏要很快，再静场、停顿才有效。最后要拥抱了，我们还设计了一个哭的表情，让人觉得团圆不易，再抬头感恩老天给了我们机会，在这里再缓慢地回头，把情绪压、压、压，到最后一股脑儿地释放出来。内心独白越充分、越精准，才越能表现出两人历经磨难的相思之痛以及相见不易、永恒不变的爱情。

昆曲是诗化的，表演的自然过程是串在一起，不能像照相一样定型，它不在乎每一个动作是否到位，但是要做到属于这个人物的境界。程式固然重要，但是塑造人物更重要。忘了自己，演活人物，让观众观后回味中留下的是洪昇笔下的杨贵妃，而不是王芳演的杨贵妃，那就是我最大的满足了。

三　虚拟之美《白兔记》

『星月朗，傍四更，窗前犬吠鸡又鸣。哥嫂太无情，罚奴磨麦到天明。想刘郎去也，没信音。磨房中冷清清，风儿吹得冷冰冰。』

· 昆剧《白兔记·养子》

· 昆剧《白兔记·养子》

· 昆剧《白兔记》谢幕

《白兔记》是元代四大南戏之一。昆剧《白兔记》是正旦本工戏，其核心剧目《养子》是由"传字辈"沈传芷先生教授给"承字辈"朱蔷老师，朱蔷老师又传授给我的。后来我们在顾笃璜先生的指导下，以传统的表演模式为基础，进一步提炼和升华，延展增加《送子》《出猎回猎》《团圆》等，连缀成为一台大戏《白兔记》。

我饰演《白兔记》里主要人物李三娘，是正旦应工的。李三娘的装扮我沿袭了传统，穿素帔，打白色腰包，几乎没有什么头饰，也没有水袖，手部是完全出来的，表示她要干活，而且身份比较低下。

服饰装扮上李三娘看起来和普通正旦一样，但在整体形态上却完全不同——她即将临盆，胯骨要往前顶，这是一个孕妇的最基础的形态，在这个基础上她的上半身往上提，甚至比其他的角色要更用力往上提，让人感觉她肩负重担，但永不会放弃的样子，传递出女性坚韧的一面。

在步法上，《养子》一出场是脚先出来的，满脚掌走路，简单、沉重、有力度。她的兰花指虎口要打开，手势指法都要放大，以此来表示长期劳作的遭遇。

动作也要比一般的正旦要大、要展开，并且要时刻注意让开肚子。尤其在迈入磨坊的时候，磨坊的门槛很高，门楣很低，但是她又低不下去。这里注意迈入的第一条腿要略直，略微僵硬，往边上跨，一低头再侧身进来，这样才能显出她让开了肚子。然后转过来另一条腿不小心一抬，碰到腹部，赶紧扶住，显得孕妇的形象真实可信。

李三娘出场面部没有表情，眼神是木讷的，给人疲惫之感。从《养子》到《出猎》，她丈夫一去不复返，儿子十六年没有音信。她的无助感、无力感是一层一层的，但要注意的是，她不是脸上的苦，是内心的苦，在表演上切忌皱眉、切忌脸上做出"苦相"。这个苦不是绝望，李三娘面部是黯淡的，只有她在抚摸腹中胎儿时才会闪起希望的眼光，但又要转瞬即逝，这里的分寸、对比要把握好。

等到《出猎》时，李三娘已经距离产子十多年，这时她已经非常绝望，非常冷漠。在遇到咬脐郎之后，他们之间有大段对话，这里要表现出毫无兴趣、拒人千里之外的感觉。

然后她无意间抬头一看：刘知远？太像了！左看右看，越看越像，不敢相信。这里短暂的表演很重要，是后面团圆戏份的铺垫。最开始要表现激动，然后是惊诧、怀疑，忍不住问了几句话，最后表现出来一丝丝希望。这些要用语气节奏来表现，注意控制肢体，千万不能激烈，否则就破坏了人物形象。节奏稍微提一些，表情还是冷漠的，观众感觉她是遇到了一个意外，但又不能确定的一种迷茫感。我们演员在塑造人物时，一定要投入情绪，带动节奏，才能引领观众。

⅏ 《养子》

传统戏曲是用程式去塑造人物的，但艺术来源于生活又高于生活，戏曲程式本身就是从真实生活中的一些动作、行为、语言等概括

提炼而来的，它只是一个手段。演员在运用程式的同时，要根据人物的特点风格去做出变化、美化，使其更符合规定情境，更贴近人物性格，让观众感到更真实可信。也就是说，在保留传统程式的基础之上，要创造出这个剧目、这个人物独有的、非程式化的富有性格的唱腔、身段细节，所谓"画龙点睛"，这些才是塑造人物的最重要部分。

最有感触的就是《养子》，这出戏就是在传统上又有创新的。《养子》是《六十种曲》里《挨磨》与《分娩》的合成，讲述刘知远去后，李三娘在家中受到哥嫂的虐待，要她改嫁，三娘坚决不从，虽已有孕在身，罚她推磨汲水。分娩时，因无剪刀，只好用嘴将胎儿脐带咬断。

这折戏舞台非常简洁，只有一张桌子,除了恶嫂出来了几分钟,《养子》几乎是独角戏，没有什么大的舞台调度。它是完完全全从正面描写李三娘被欺凌、推磨、产子、咬断脐带等情节的。这些如果在舞台上展现过多的话，感觉

过于残酷、刻意；如果一笔带过，冲淡这些场景的话，又不能体现出李三娘当时的境遇。这就对演员提出很高要求。

"传字辈"的"磨坊产子"本来是有磨台的，这个磨台就是一个把杆，系在鼓上，然后用布包着，演员就这样转圈、推磨。演生孩子就是在桌子边上，观众能看到的。

2001年去台湾演出之前，顾老是总导演，他说："磨台边上生孩子让人想象不美好，最好能把它放到桌子后面去。"我说："放到桌子后面的话，这个把杆很妨碍。"顾老直接说："那就不要嘛！"我当时还很疑惑："把杆去掉了，那磨台呢？"顾老说："不要！"就这样，磨台和把杆都去掉了。

后来排练的时候我们发现，原来演员推一个小小的"磨台"，观众肯定会觉得很假，去掉多好！没有了道具以后，你推的这个磨多沉重，观众就能想象舞台有多大。当然前提是推磨表演要真，这里真的意思就是要完全符合生活的艺术真实，磨推得越逼真、越沉，就越能达到你要的艺术效果——李三娘就越苦。

推磨需要技巧，我们舞台上代替磨台的桌子是长方形的，需要演员自己走出一个圆形空间来。演员要双手平举，空心拳的状态，保持在同一高度，即使转身、做身段，再回来也不能改变高度。身体重心保持前倾、往上提，重要的是要绷住，背部发力，和平时我们推很重的重物一样，必须靠全部身体去推。如果只有手臂使劲的话，会让人觉得很轻。"推磨"这个环节很重要，也很有看点，既要表现出磨台的沉重，也要体现出李三娘推磨的熟练感，这是她习以为常的每天都要完成的劳动，但又不能忘了笨重的体态。

分娩的时候，背朝外，只用一只手高举，后缓慢转动表示艰难，再突然有力地攥起来，然后将身体陡然蜷缩在桌子后面，表示生产完成。静场后，一只手伸出桌面，颤抖、张开，表示呼救，最终因为没有力气垂下手臂。这一连串的表现要注意分寸感，注重传递力度，观众完全能够领会到李三娘的痛楚，艺术效果震撼，还保留了美感。

后来，我无论演出大戏还是这折戏，就遵照这种演法，只靠虚拟表演来表现推磨、生孩子的痛苦，突出了传统手段，也给观众留下了无尽的想象空间。

2002 年，我参加文化部主办的比赛，拿到了"促进昆曲艺术奖"。有专家问我："这个戏是传统的吗？感觉不像是新排的。"这就对了，我们希望要这种感觉，在传统的基础上有所创造有所发展，带给观众经过提炼的、适度的优美表演。

▮ 以声传情

昆曲里，正旦又被称为"雌花脸"，声音宽厚，多运用真声。和闺门旦不同，杜丽娘的嗓音是提着的、收着的，如"正好寻梦也"，其中"梦"字出口要求出口很轻，好像不忍心打破这个美梦一样。但是李三娘是放开的，气息沉稳下行，行腔朴直，几乎没有什么修饰。尤其在一些小腔上的艺术

处理，比如滑腔、擞腔等，一般闺门旦都会处理成或玲珑剔透，或摇曳多姿。李三娘一直处在苦难当中，在保有昆曲腔格规律的基础上，要去掉多余的修饰音，唱出棱角、唱出性格，绝对不能圆滑地一带而过，方能显出人物本色。

《锁南枝》是整出戏里最完整、最核心的音乐段落。《白兔记》是南戏剧目，曲牌全为南曲，特征是细腻婉转，节奏舒缓。显然，这里要表达李三娘的人物处境，仅仅婉转的唱腔是不够的，这就需要唱念配合，演员需要把握的基调是：唱要极静，要压得住，用夹白、干白来推进、掌握表演节奏和渲染强烈的情感。

李三娘开头唱"星月朗，伴四更，窗前犬吠鸡又鸣"，昆曲常说的"无动不歌、无歌不舞"在这里是绝对不适用的，演员务必要安安稳稳地站在那里唱，绝对不可以乱动。此时的李三娘遭受了嫂嫂折磨，深夜又面临分娩，只有自己伫立在那里，声音低沉，唱给自己才符合逻辑。

前面曲子唱得要干净，也要安静，安静到一根针掉在地上都听得见才好。这种安静隐藏着隐隐的不安，观众会期待下一个爆发时刻的来临。

接下来的一支《前腔》用了干白的形式，上板，节奏突然收紧，强烈到极致，要有爆发力，要完全打开口腔，气和声音从丹田贯穿到头顶，把每一个字都清晰地顶到观众耳朵里。观众会在细腻的南曲之后为之一震。这样前后形成对比，突出戏剧张力，把李三娘生产之前的恐慌、疼痛和无助都淋漓尽致地表现出来。

不管是夹白还是上板的念白，这出戏一定不能厉声呼喊。很多演员情绪爆发的同时会导致声音不可控，失去美感也失去节奏，整个戏就乱掉了。这需要大量的练习，前段的唱段要和后面的念白连接得顺畅自然，观众听上去感觉就是一个人在说话中突然加重了语气一样。其次，我们要注意语气情感的运用，李三娘既唱出自己心中的苦楚，也要饱含对苍天的拷问，观众才能感受到她所受到的不公正待遇，对角色产生同理心，最终达到想要的艺术效果。

我认为，有时候"不做"比"做"更能够打动人。中国传统文艺观讲究"乐而不淫，哀而不伤"，好的文艺作品应该通过技巧对观众进行理性和感性上的诱导，而非灌输。昆曲独特的魅力就是含蓄之美，保持韵味是艺术工作者的首要任务，不能把艺术最本源的东西丢掉。

传统是不排斥创新的，继承本身就个是发展的过程——每个人对剧本理解、演绎手段、艺术积累、生活阅历等等不一样，出来的作品面貌也不一样，但是它的内涵和核心价值是不能被篡改的。

四

修旧如旧《折柳阳关》

『恨锁着满庭花雨，愁笼着蘸水烟芜。也不管鸳鸯隔南浦，唤鹦哥语，被叠慵窥素女图。俺待把钗敲侧花枝外影踟蹰。新人故，一霎时眼中人去，镜里鸾孤。』

· 昆剧《折柳阳关》

《折柳阳关》在昆曲舞台上演出较少，整本的《紫钗记》更少。《紫钗记》是汤显祖所著"临川四梦"里的"第一梦"，但它和《牡丹亭》的命运大相径庭——五十三出《紫钗记》，"传字辈"只传承和演出了《折柳》《阳关》。

这原本是两出戏，常常连起来演，"一北一南"。《折柳》通篇北曲，《阳关》通篇南曲，曲词被俞振飞先生评为"典雅深奥，颇不易解"，而"旋律缠绵悱恻，很具特色"。《折柳》主曲《寄生草》，连用四支，曲调婉转细腻，与新婚夫妇远别的款款深情十分吻合；《阳关》主曲《解三酲》，也是连用四支，曲调深沉蕴藉，唱出哀婉无奈之感。《寄生草》和《解三酲》都是曲家清唱的钟爱之曲，但鲜见于舞台，这与霍小玉、李益的人物性格和整出戏的编排演绎不无关系。

传统的《折柳阳关》是一出"摆戏"，以唱为主，身段很少。是在2002年由"传字辈"倪传铖老师全新复排出来的。

我记得那是六月份，苏州天气炎热，但是倪老每天都坚持来亲自拍唱、教学，盯着我们排练，在苏昆那个小排练厅里一点一点地帮我们修正动作。这是我获得"梅花奖"之后再次和"传字辈"老师学戏，对戏的理解与体会和小时候已经不一样，这段经历对我们来说非常难得，并且留下了珍贵的影像资料。

下面我聊一聊《折柳阳关》的表演体会。

这出戏的音乐和文学都是非常具有表现力的，注重演员唱功，最直观的体现就是辞藻华丽，旋律特别。演员首要的任务就是要了解每一处典故，要把含义吃透，文情吃透，然后再去做好阴阳四声，把每一处腔做妥帖，否则演得再好也是空中楼阁。

"枕头上别情人，刀头上做功臣。"这两句出自《紫钗记》第二十六出《陇上题诗》中的第一支曲子《金钱花》，现在被移植到《折柳阳关》的开场。这是一个群场开场，众兵士在锣鼓军乐中以干念的形式道出该曲，铺垫了行军的紧急气氛，一边行进一边借众军之口，表达了李益这个身在功名利禄场中人的苦衷。

霍小玉在闷帘"车来"后出场。她在整出《紫钗记》里是"至情至性"的代表。汤显祖在"题词"中说："霍小玉能作有情痴，黄衣客能作无名豪。""情痴"两个字注重"痴"，这是演霍小玉要着重表现的点。

霍小玉出场唱散板《金珑璁》"春纤余几许，绣征衫亲付与男儿"。霍小玉的身份是霍王府的郡主，但她是个不招人待见的庶出郡主，她母亲是霍王府的一名歌伎，身份低微。李益出征的战服，都是霍小玉亲手绣的，并且为了赶制这件"征衫"，她的玉手已"春纤"不在。这第一句的唱，不仅交待了她的至情，也交待了她的地位。

李益出场唱《点绛唇》，这支曲子和一般《点绛唇》很不一样，有很多衬字，抑扬顿挫，用于表现李益出征前的心理活动和周遭情景，要表现出他的趾高气扬。

实际上，李益是个急于建功立业的状元，第一句"逞军容出塞荣华"就说明了这点。其次，作为一个即将和妻子久别的丈夫，他心里想的嘴里说的，永远都是闺房中那些事，他对霍小玉的爱恋，多是出于她的美貌。

昆曲中表现分别的戏很多，像《琵琶记·南浦》《玉簪记·秋江》《西厢记·长亭》等等，但与《折柳阳关》不同的是，这三出戏的女主角都能自信且直白地表达自己的情感，她们是有倾诉对象的，而且无论是蔡伯喈、潘必正还是张生，他们都对女主角是有回应、有回答的。

《折柳阳关》的霍小玉则不同，她痴情但是又自卑，她不敢直说，只能比来比去，一会儿说"纤腰倩作绾人丝"的柳，一会儿又"阑干碎滴梨花雨"的泪，一会儿提鸳鸯，一会儿提鹦哥，最后实在没办法了，只好对李益说："就算你另娶他人了，我也觉得这一场相爱是值得的，你走了我就遁入空门，我就出家。"在霍小玉眼里，这已经是她最直白、最袒露的告白了，霍小玉就是这样一个扭捏的性格。

但李益说什么呢？"倒凤心无阻，交鸳画不如""相思有梦欢难做"，我不会抛弃你，是因为我遇不到比你再漂亮的美女了。这个回答是驴头不对马嘴，李益压根就没从霍小玉的情感出发考虑。根据文意曲情，这段表演在身段设计上，二人几乎没有相互回应，身段少，情感交流也很不畅。霍小玉有点像自说自话，还要通过各种景色来隐喻自己欲言又止的内心。所以，在我们苏昆的演出版本中，李益更像是作为一个封建男子的符号出现的。

在我见到的其他版本的《折柳阳关》里，霍小玉和李益的舞台调度、身段设计，都是基于生旦对子戏，二人互相开阖、错落有致，每句唱词的动作基本都是生旦交相呼应的。我们的版本做了不同处理，二人除了情感上的交流外，常见的生旦互动身段很少。即使在情感层面，我认为霍小玉和李益的交流也完全不在同一维度上。我们表达出来的《折柳阳关》，

霍小玉更像是一个人在诉说，而李益更像是一种略带敷衍的安慰。

霍小玉上场是含蓄内敛的，她的重点在"收"，无论身段和眼神，都有一种屏气凝神的"收"。但她表现的"收"，是与杜丽娘截然不同的，杜丽娘的"收"是因为闺门小姐的规矩和初尝爱情的青涩，是掩藏在少女春心之下的"收"；而霍小玉的"收"，是因为这个人物的自卑——对身份地位的自卑，对婚姻爱情的自卑。

"收"首先从形体上，身段幅度要小。这个"小"不是单纯尺寸意义上的小，是要让观众感到霍小玉的谨慎。她每一步都包含着对前路的不确定，欲言又止，如履薄冰。即便在李益唱到"衾窝婉转春无数"时的揉肩膀和"花心历乱魂难驻"的耳边私语时，她的动作都是很轻的，是细微的害羞，和李益洋溢出来的甜蜜形成强烈反差。

"小"不代表要丢失细节，任何一个人物都是由细节积累起来，立在舞台上的。《折柳》开始举

起酒杯时，她的手有一个因过度伤悲而生出的颤抖；在《阳关》最后，"不妨我啼鸟落花初"一句，她的手与李益的手慢慢交错握在一起，这里要慢、要诚恳，就好像是要把李益攥在自己掌心，不放他走一样。但这时号角响起，李益的一句"夫人请回吧"，让她的手又慢慢松开，最终推开李益。这种大身段的"小"和小细节的"大"，才能让观众领会到人物的内心感受。

除了身段外，眼神的运用是诠释霍小玉另一个表现手段。因为演员动作少、肢体幅度小，脸上的戏，表情、眼神就显得更突出、更重要。

比如，在用柳枝暗喻的时候是望向柳枝的，在说自己哭了的时候，她是望向袖子的——她是很希望李益能够理解她的情感的，能够和她交流的。除此之外，她的大部分眼神皆指向远处的山水景色，或顾影自怜。她与李益的眼神交流非常少，只偶尔看向他，有的还带着些许疑问——看出去，很快又收回来。那种笃定的对视几乎没有。直到分别一刻的"但愿你封侯游昼锦"和最后的"李郎慢行"，她才认真地直视李益，这已经是分别了，这种直视是要带着些许绝望的——"我都说了这么久了，你还是没有懂我吗？"

李益已跟着队伍慢慢地离开走远，霍小玉忽然想起登上灞桥高处还可以望见丈夫的身影，于是刻不容缓地喊"灞桥一望"，这里要迅速、急迫。这部分相当于全剧高潮过后又马上迭起一波，之后再渐行渐远。

她在桥上眺望，众引李益绕场，"他千骑拥，万人扶，富贵英雄美丈夫"，这句是她对李益的希望，但并不是对他回来的希望。"英雄"要唱得壮阔，"丈夫"要唱的柔美、欣喜，表示出爱恋和暗自得意之情。霍小玉虽然不舍得李益远征，但心底又期待他功成名就，这里的眼神除了绝望之外，还要有些许的欣慰和自豪。这种复杂的感情才能体现出霍小玉封建庶出郡主的人物设定。

《折柳阳关》我演出虽然不多，但留下了影像资料。中国香港导演杨凡于 2002 年拍摄了电影《凤冠情事》，片中纪录了张继青老师主演的《烂柯山·痴梦》、我和赵文林老师演出的《紫钗记·折柳阳关》。这部电影 2003 年参加了威尼斯国际电影节，2004 年参加了中国香港国际电影节，是最早亮相国际的昆曲电影。2005 年，还是我和赵文林老师搭档的《折柳阳关》参加了"国家昆曲艺术抢救、保护和扶持工程资助项目"的录制。

戏曲是活着的艺术，传统如何与当代观众建立和谐互动的良好关系？毫无疑问，我们要根据时代发展做出一系列的调整和变革，这些一定要立足于传统之上，越变革就越需要传统的参照。在现在以强烈戏剧冲突和复杂身段程式为主流审美的境况下，我认为《折柳阳关》的意义不仅仅是传承了一个经典折子戏，保存了昆曲的内涵韵味，更重要的是它对传统戏曲的创排模式有着重要的示范、比对意义，同时提供了有益的借鉴。

传统艺术工作者创作舞台作品的前提是对中国古典文化的品格要有尽可能准确的理解。观众坐在下面，如果只是来看故事、看表演技巧的话，就失去了意义，更重要的是观众能够通过作品瞻仰传统精品的风姿神韵，感受中国古典艺术精神。

五

剪不断的『花魁』情缘

『月朗星稀万籁幽，一腔新恨转家楼，豪门不肯把笙歌歇，他们是饱暖不知愁。』

· 苏剧《花魁记·劝妆》
· 苏剧《花魁记·游湖》
· 苏剧《花魁记·醉归》

苏剧《花魁记·忤豪》
苏剧《花魁记·雪塘》
苏剧《花魁记·焚契》

· 苏剧《花魁记·醉归》

《花魁记》是苏剧保留剧目之一，该剧脱胎于明代冯梦龙话本《卖油郎独占花魁》和清代李玉传奇本《占花魁》，由宋之衡、宗青改编。首次搬上舞台是20世纪30年代初期，50年代由民锋苏剧团创排，庄再春、蒋玉芳等老一代苏剧艺术家领衔主演，当时非常受观众欢迎。在1957年江苏省首届华东戏曲观摩大会上，苏剧《花魁记》获得了优秀剧本奖、导演奖、音乐奖、演出奖，饰演花魁女和秦钟的演员庄再春、蒋玉芳二位老师均获得了表演一等奖。

20世纪80年代，苏剧《花魁记》经过褚铭老师整理改编，再次搬上舞台。苏剧《花魁记》没有强调"独占"，而是着重描写二人的情感脉络，更加合乎当代人的情理。复排的《花魁记》共有六折：花魁身陷囹圄的《劝妆》、郁郁寡欢中初遇秦钟的《游湖》、二人相识相恋的《醉归》、摆脱万俟公子纠缠的《忤豪》《雪塘》、从良并且和秦钟终成眷属的《焚契》。

昆剧也有这出戏，叫做《占花魁》。苏剧和昆曲是完全不同的两个剧种，但是艺术上是相通的，可以这么说，苏剧就是昆剧的"白话版本""通俗版本"。在表演的生活化上，还有刻画人物的个性化方面，苏剧明显区别于高度程式化的昆曲。

首先昆曲是精雕细琢、节奏舒缓的，在折子戏的发展上非常全面，这与它历史上在南方一直以家班形式存在和文人士大夫的审美是分不开的。苏剧是通俗的，节奏也快一些，调度更生动，富于变化，就算是从京剧改编来的连台本戏，苏剧也可以顺畅上演；昆曲是曲牌体，苏剧是长短句，更适于表现剧种特色、风土人情。

苏剧原来是坐唱形式，动作不多，主要以情绪来表现人物。后来搬上舞台，加了动作，但表演重点仍旧是情绪，塑造人物都以情绪为主。由于苏剧昆剧长期合演，和其他江浙沪的滩簧戏有所不同，苏剧风格更偏于文雅、细腻、深沉。

我们在入学以后，学的都是昆曲，比如《思凡》《游园惊梦》《琴挑》《惊变埋玉》《断桥》《评雪辨踪》《踏伞》等等，都是沈传芷老师教的。我们是苏昆剧院，苏剧、昆剧兼学兼演，毕业考试要求一折昆剧、一折苏剧，于是苏剧剧目我就选了《醉归》。

当时有好多剧目可以选，为什么我选了《醉归》呢？蒋玉芳老师说，它是苏剧的保留剧目，是艺术精品，中央首长、外国贵宾、各界领导来苏州，我们都要演这出戏。老师们演得非常棒，我就学了这出戏。

戏是蒋玉芳老师教的，蒋老师其实是教小生的，也一起教了花旦，《醉归》是老师的代表作，至今无人能及。后来还跟着施（雍容）老师，学习了她丰富了肢体动作。庄再春老师、柳继雁老师、尹继梅老师也给我讲了人物塑造方面的体会。

1979 年我声带闭合不好，剧团请了沈苏菲老师帮我练习发声，"月朗星稀"四个字唱了上千遍，找发音位置。那时候嗓子刚开始恢复，转不了弯，我就找好听又适合自己嗓音的方法去唱。我喜欢上下班骑在自行车上练唱，既不浪费时间，也不妨碍别人，"月朗

星稀"就是这样练出来的；背台词也喜欢在自行车上背。有时候唱的声音大了，路人会回头看，这才意识到唱得太响了。

1981 年，我参加了苏州市青年会演，我演的《醉归》获得了一等奖。那时候还没毕业，所以叫"学员一等奖"，毕业之后才成为团里的正式演员。

1981 年，排苏剧现代戏《五姑娘》的时候，顾老又请了张佩萱老师帮我练声，一方面声休，一方面找方法，调整气息。刚开始学唱的时候只要能有声音就行，也不管好听不好听。有了声音之后就要追求好听。唱好听之后，我们就要研究音和腔之间的配合，包括如何灵活运用。

苏剧里半音很多，吐字上扁的字很多，就像苏州话一样，比较难发音又难唱。它的唱腔跟昆曲不一样，可以"走上"也可以"走下"。真正唱好苏剧很难，如果演员基本功不到位，就会"黄了"，唱不准的。所以演员真的要投入很多精力和心血进去。投入了才会喜欢，每一个

角色都有自己的想法，就像孕育的孩子一样，你舍得丢弃它吗？

从 1979 年开始，我演了多少场《醉归》已经记不清了。刚开始演的时候，体会不出来醉步与病步的区别，根本就不知道什么叫做"醉"、怎么醉，演的时候就学老师，照葫芦画瓢，往前挪两步，往后挪一步，身体摇晃摇晃就代表是醉了。

1986 年，要去参加第一届省青年演员大奖赛的时候，苏剧队的队长褚铭老师和我说："你喝点酒，感受一下醉的感觉。"我回家和爸爸说了，爸爸买了酒，一下喝了半斤，结果引起皮肤过敏，浑身长满了疙瘩，痒了好几天，吓得从此滴酒不沾。

喝完了酒之后确实会感到兴奋。以前我对花魁女有种误解，认为她就是心情不好——背井离乡、寄人篱下、沦落风尘，那个滋味能好受嘛！她的情绪肯定是很低落的，就把她演得很低落。后来才体会到，她喝醉了之后感觉应该是兴奋，刚回来那段唱表面上很兴奋，但是借酒浇愁，背后隐藏着许多苦衷。这种痛才是真正的，

是别人看不到的，唯有自己知道。她醉后展现的美，是不能装出来的。那次比赛我获得了二等奖。

小时候没有深入理解人物的概念，也看不出究竟，这时候老师的点拨很重要，当老师或导演告诉你哪里不对了，你就会自己动脑筋思考。小时候我常常和自己强调唱念做表，而没有讲究人物，真正讲究是要累积到一定思想层面的，每一场对角色的理解都会逐渐增加，如生活的阅历、文化的积淀、艺术的积累等等都是对人物理解成熟的过程。

有人对我说，《醉归》里的花魁女少了一些风尘女子的味道。我认为花魁女不是一般意义上的风尘女子，就好比李香君、柳如是，这些都不是我们现在概念中的"妓女"，她们是美女、才女，是文人，是有智慧有想法的女子。花魁女琴棋书画样样精通，卖艺不卖身，出淤泥而不染，她有想法，不随波逐流，才被称为"花中之魁首"，这在当时封建社会是非常可贵的。若是把她演成风尘女子，人物格调就低了。

1986 年去南京参加比赛之前，我对花魁女好像一下子开窍了——还能这样演？用多种手法去表演，而不是单纯的愁眉苦脸。花魁的痛是心灵上的痛，如果笑用来展现她的痛苦，这样才是内藏深处的痛。所以，我才把原来开场中那个风尘的笑，改成对王九妈的表演——没有任何唱词和念白，但肢体语言和内心独白就是在对王九妈说："我什么都会，但我就是不喜欢这样！"包括后来一连串的表情和动作，都是在告诉王九妈："我谁也不想见。"这里是要演出花魁女无奈的挣扎，观众才会觉得她可怜，人物形象就立起来了。

1987 年，那年我 24 岁，赴京演出《醉归》。演出后，首都许多媒体，比如《人民日报》《北京日报》《戏剧报》都纷纷发评论。中国艺术研究院副院长张庚老主持了苏剧艺术座谈会，有四十多位专家学者参加，包括郭汉成先生、俞振飞先生、刘厚生先生，还有当时的文化部副部长高占祥等，他们对苏剧给予很高评价，也提出了很多表演上的意见和建议。感恩这些老先生，他们时刻关怀着我们青年演员，也关心着苏剧发展，在当时戏曲艺术并不景气的情况下，这些更加坚定了我在苏剧艺术道路上前进的脚步。

1992 年，文化部在福建泉州举办了全国"天下第一团"的优秀剧目的展演。"天下第一团"指的是只有一个剧团的剧种，我演的《醉归》获得了优秀剧目奖和优秀表演奖第一名。1994 年，文化部举办了全国昆曲中青年演员会演，也就是首届昆剧"兰花奖"的评比，我以《寻梦》一折获得"兰花最佳表演奖"。除此之外，领导还安排了我在京的个人专场演出，剧目是昆剧《寻梦》《思凡》和苏剧《醉归》，我凭此获得了第十二届梅花奖。

下面我想谈谈《醉归》中我的演出体会。

苏剧《醉归》说的是一位因为战乱和亲人离散的误入风尘的花魁女，一日酒醉归来遇到了爱慕她的卖油郎秦钟。一宵相处之后，花魁感其心诚，以身相许。

昆曲版的"醉归"叫《受吐》，虽然都是生旦对子戏，但是各有侧重——秦钟"受吐"，花魁"醉归"，从剧名隐藏的主语可见一斑。昆曲注重秦钟，苏剧的演绎更侧重花魁。

这出戏短小精悍，情节简单，没有强烈的戏剧性，重点是花魁如何对待卖油郎秦钟。我们要抓住花魁心理变化的层次，否则就变成"一道汤"了。方法就是：由内及外，先关照内心再延展到形体动作，从态醉到心醉，最后让观众醉。

在原作《卖油郎独占花魁》中，花魁女原名莘瑶琴，她家是做生意的，家境优越，但不幸遭遇了战乱，12岁那年流落至此，被骗堕入风尘。在经受过痛苦的心理生理折磨之后，她通过自己的智慧和才艺，成了有名的"花魁女"，显然这是她和现实妥协的结果。她是有心计的，在老鸨手底下还攒了自己的"小金库"，准备有机会就给自己赎身。

我们不难看出这个角色的本性是善良纯真的，但也不是杜丽娘那

王芳获"天下第一团"优秀剧目展演优秀表演奖

种未经世事的羞涩少女；她是花魁，是有份儿有架子、见过世面的，她敢顶撞老鸨，不屑于接待普通的客人。这是人物的两个基本面，他们之间的平衡要掌握好——"花魁"多了，观众会觉得她很油滑，对秦钟是虚情假意；"莘瑶琴"多了，整个戏就不是《花魁记》了。什么时候"花魁"多，什么时候"莘瑶琴"多，我们要根据情节推进，真实准确地传递给观众。

"月朗星稀"的出场，不需要表现太多明显的肢体动作，主要是靠情态。这时候花魁是刚陪酒回来，吃醉了，心里不痛快。

"一腔新恨转家楼"，这时候她表现的是无奈，是不甘，是对陪酒这种卖笑生活的厌烦，但也不

知道什么时候是尽头，这里要定好前半出戏感伤苦闷的基调。"豪门不肯把笙歌歇，他们是饱暖不知愁"，这里表现出花魁是个有情有义、有见地的女子，她见过太多虚情假意、世态炎凉了。达官贵人们只晓得醉生梦死，已经不相信人间还有真情在，所以秦钟来了也只是"忽闻有客我懒抬头"——"我才懒得理你呢，你和他们有什么区别，不过是来这里寻花问柳的。""上床自取伴衾绸"，"我吃醉了要睡觉了，老鸨和秦钟随便你们吧"。这里要表现出她的冷漠和不屑，不仅仅是对老鸨和秦钟的漠视，而且是对生活失去热情，找不到出路，无可奈何、随遇而安的一种态度。

这段花魁女靠着醉意把自己包裹起来，发泄自己。台上四个角色，但表演上偏向独角戏，自说自话，整体不需要太多程式。主要集中在眼神和身段步法上，就是纯粹的很任性的"花魁"，"莘瑶琴"完全被掩饰起来了。

"花魁"苏醒后，她隐约记起来醉酒呕吐的情形，秦钟对她照顾备至，毫无侵犯，她被打动了。这个时候她完全有别于昨晚懒散的状态，她开始信任秦钟，念白唱腔要宛转，显示出花魁聪慧的一面。

她试探性地问起秦钟的身世，得知他们是同乡后，她的感情上有个递进，语速更急迫，身体也略微倾向秦钟，逐渐轻快起来，显示出与他亲近。在得知她吐坏了秦钟的衣服，秦为了见她一面，花掉了攒了一年的十两纹银后，她内心陡然震动。她直直地、出神地面对秦钟，"莘瑶琴"的一面逐渐显露出来，和"花魁"呈现平衡的状态，然后逐渐压倒了"花魁"——表面上她是"花魁"，那么娇美、那么多情，内心她是"莘瑶琴"，仍旧和普通人一样，期盼着美好的感情。

天明时分，秦钟即将离去，花魁女赠送了私藏的银两，给他披上自己贴身的棉衣御寒。"双双同把高楼下"之前，花魁女第一次主动去拉手——她看看秦钟的手，再看看秦钟，单手从腰间伸出，稍微犹豫一点，然后一把拉住，

· 1986 年演出《醉归》

继续低头，表现出不好意思的神态，再爆发出欣喜和甜蜜。她一边说这里"费尽金银"，劝说他不可再来风月场所，一边又以来取浆洗衣服为借口，几次三番"秦官人请回转"。一推一送之间是花魁对秦钟的依恋和挽留，她已从感激转变为爱慕，二人的感情在这里升华到了顶点，不言自明。

这段要表现出完完全全的"莘瑶琴"，表现出一个成熟的青年女子对待自己所爱之人和对待美好爱情的那种既向往又热烈奔放的情感。这是久闭的心灵突然被打开了一扇窗，有了期盼，有了一丝曙光。

· 2002 年演出《醉归》

这里花魁女和秦钟有个对比，花魁的小心思所有人都心领神会，台上的秦钟却是懵懂的、赤诚的，观众就会觉得两个角色都很可爱，真情愈加可贵。结尾依依惜别，观众会特别期待他们能够圆满，提高了期望值，戏就有了回味。

《醉归》首先要从"醉"上作文章，花魁女是从"态醉"到"心醉"的过程——她由醉到醒，再由醒到醉，这醉的是爱情、是人间真情。

她从"花魁"转变成"莘瑶琴"，要表现出人物心境变化、翻转的过程——由悲到喜，再悲喜徘徊，最终到喜。封建社会吞噬掉了一个女子的善良内心，是秦钟唤醒了她内心对于爱情、对于生活的热情，她从一个"行尸走肉"变成活生生的人，灵魂的觉醒。

花魁女与杜丽娘、杨贵妃不同，她在风月场中生存多年，迎来送往，她是有一定主动性的。但秦钟是她第一次遇到这样的男子，动了真情就会有点娇羞。"主动"和"娇羞"并存，她是在封建社会中具有初步的女性意识觉醒的角色，因此，"度"的把握便是关键。

文艺作品最终要歌颂的是真善美。花魁女是文人笔下的妓女，她不是真正的妓女，而是美丽、温柔、聪慧的女性化身，戏剧、戏曲亦如是。

《花魁记》的传承脉络从来没有断过，在庄再春、蒋玉芳两位苏剧老艺术家的身后，"继""承""弘""扬"都演过该剧。

随着苏州市苏剧团的建立，2020年苏剧《花魁记》再次复排，参加了文化部"像音像"录制工程，由"承字辈"朱文元老师担任复排导演，周友良老师担任唱腔音乐设计，仍由我饰演花魁，"扬字辈"俞玖林饰演秦钟。目前苏剧团有四到五档青年"花魁和秦钟"，经典仍在被不断传承演绎。

六

我的第一部现代戏《五姑娘》

『结识私情恩爱深，五姑娘做双新鞋送郎君，薄薄格鞋底千针扎，郎君徐着仔么脚步轻。徐穿着鞋子到苏州，七里山塘兜一兜，走过青山绿水桥，高高兴兴上虎丘。』

· 苏剧《五姑娘》

《五姑娘》是 20 世纪 80 年代初，江苏省苏昆剧团根据同名长篇叙事吴歌改编创排的现代苏剧，顾笃璜老师是这个戏的总导演兼编剧之一。

1983 年，《五姑娘》赴南京参加江苏省新剧目会演，我和饰演"阿天"的赵文林老师都获得了"优秀演员奖"。那年我 20 岁，是第一次在省里获奖。那时还小，不太懂得表演。

记得我们开始排的时候是 AB 档，每个演员各演三场，还有五姑娘不同年龄段的 AB 档，最后会演的时候，顾老让我一个人演。我很喜欢这出戏，年龄跨度从十来岁的少女演到近三十岁的少妇。顾老排现代戏，对我很有启发，他会让你思考用怎样的手段去塑造人物才是最适合的。

有一个场景——我饰演的五姑娘，唯一最亲近的姐姐投湖自尽了，五姑娘坐在太湖边的石头上，对着湖水思念姐姐。顾老告诉我：不要做表情，也不要做哭，只需要侧过身体，下巴挨着肩头，对着湖水静静地唱就行。

我就按照他说的，唱着唱着就掉泪了——是真的想哭。因为当一个人静下来的时候，才会想：姐姐你真的就这样走了吗？其实后来的剧情是姐姐没有死，但五姑娘是不知道的，就一直一个人哭、清唱，她是盼着姐姐出现，盼着姐姐还能回来。这时候的五姑娘才十岁，她的想法是很单纯的，我在唱的时候真的会感动、会落泪，会有孤苦伶仃的感觉，是导演激发了我走进人物内心，观众看了自会觉得特别真诚、可怜。

当演到丈夫冤死，五姑娘投告无门，喊出三声"冤枉"的时候，顾老强调说这三声"冤枉"不能单纯的一声比一声高，而要有层次，第一声是叹息；第二声是喊；第三声要有多细的声音就用多细的声音。

传统戏这里一般是会大声"阿——天——冤——枉——"，但现代戏里，顾老师说要让人觉得你发不出声音来似的，没有任何人，连老天都不会回应你的！"冤……

柱……"很细很细的声音让人感觉会起鸡皮疙瘩，很惨，不忍心听。这是反差，是舞台效果，是顾老让我较早地明白了反差的表演技巧。他说：哭并不一定是真正的苦，表演才是真正的行为。通过跟顾老排戏，我明白了很多。

我觉得顾老排戏是非常理智的，他非常懂演员。比如小演员普遍有个特点就是怕重复，喜欢新鲜，但艺术就是靠不断的重复积累经验的。孩子不断地重复，就会疲惫，潜意识会认为我都会了，那戏就出不来激情了。

顾老在每次排戏或者演出之前，常常会临时改掉一两个字、一两个词之类的，这样一改，下面的戏都会有变，变成新的，演员的精神就集中了，就会动脑筋想这句话在舞台上该怎么说出来，这个字是长是短？是重是轻？怎么配合动作？也有演员会反对，说："刚排好，你又给改了。"我很能接受，觉得很舒服，有新鲜感。顾老是在激发演员自我创作。

比如我有个背影的表演，背景是冬天，在灶台上烧粥。家里来了新长工，我要先舀粥，然后端过来。顾老当时没有要求动作，就是一个背影，有个音乐，中间有段长工的唱："东家小姐，怎么手上长满冻疮？"

表演时，自己在开场加了一个"焐手"的动作——锅盖没揭开之前，先哈一下手，再开盖、舀粥。端过去的时候感觉很冷，这样对方长工的唱就合理了。

导演先铺垫好情境，让演员自然地进入戏剧空间里，演员自然而然就会思考如何利用不同手段塑造人物，观众才会进入到状态。

小时候总会强调身段要到位、眼神要到位，那是学习传统戏的要求。传统戏有水袖，可以用不同形体来表达。现代戏不能用这些程式，需要直接演，手脚都不知放哪里！比如现代戏里"送鞋子"，怎么送？"难为情"怎么做？诸如此类，这都是排戏时候遇到的困难，都要靠演员自己对角色思考和理解。

有一句唱"十个姑娘九个羞"，顾老让我表现出难为情。我就琢磨，"难为情"和"羞答答"不一样，那是朝外的情感，我就在唱到"羞"字的时候，先低头、再抬手，这样感觉就对了。如果只抬手挡脸，会觉得不含蓄；用低头去接近抬起的手的话，会让人觉得是现代戏的害羞。

就这样慢慢地积累、成长，再演的时候，这个人物就有个性了，更像了。等排新的戏，其他的导演又会有新的要求，就会产生新的想法，学到更多东西。这是一个渐进式的过程，演员就这样，把之前所有的积累放在一个一个新角色上，所谓触类旁通。表演手段更丰富了，理解更深刻了，演员才更成熟。

除了表演、导演，在舞台美术上，顾老也颇有心得。当时用了非常新潮的半透明条幕，前后三层，既可以当做演员上下场的幕布，又可以融入剧情之中，成为舞台上布景的一部分。道具上，顾老运用了多边形的拼合，同一组道具的不同拼法，能变换出多种组合，不仅符合剧中的整体气氛，还方便搬运、运输。

金砂老师、周友良老师是作曲，这出戏糅进了吴地民歌的旋律，情感搭配得特别好。其中有一句声腔很长，要表达出："阿天啊，这句话我该不该说呢？我讲出来，你会生气吗？……我还是告诉你吧！我们不能忘了姐姐呀……"这是商量的口吻，表现两人婚后的甜蜜。这句长腔，要唱出这些情感，从这里体会到，声腔不是只为了好听，是要为人物所用。

《五姑娘》是一部很好的现代戏，在南京演出的时候反响很大，还想拍成电影，可惜没成。后来也没机会再演出。

七

国宝守护者，苏剧传承人

『一生寂寞守双鼎，一生倨傲度光阴。一生护鼎命中定，一生盼鼎见光明。想当初，守鼎只为守亲情，哪知世道苦难深。家国飘摇烽烟滚，山河破碎战祸频。军阀无道夫殒命，日寇残暴儿丧生。历尽乱世方知晓，国运文脉紧依存。』

· 苏剧《国鼎魂》

·苏剧《国鼎魂》

苏剧《国鼎魂》

· 苏剧《国鼎魂》剧照

· 苏剧电影《国鼎魂》拍摄现场

现代苏剧《国鼎魂》是苏州市苏剧传习保护中心成立后打造的第一台大戏，是根据苏州名门"贵潘"家族女主人潘达于在中华人民共和国成立之后，将大盂鼎、大克鼎无偿捐献给国家的真实事件改编的。我们深入了解潘达于的传奇一生，《国鼎魂》展现了她护鼎、献鼎的过程与心路历程，真正体现了文脉与国运的文化内涵。

戏曲舞台上曾经演出过很多以生命保护民族文化瑰宝的壮烈故事，如曲剧《烟壶》、湘剧《古画雄魂》等，《国鼎魂》中所保护的是国之重器大盂鼎、大克鼎，意义重大。

我们在尊重历史的基础上，适当虚构了一些戏剧情节，最终选取了1923年至2007年这84年——中华民族历经民国初期军阀混战、抗日战争、解放战争直至中华人民共和国的建立与发展这段历史为背景，剧情上大起大落、色彩浓烈。全剧分为六场，通过嫁入潘府、军阀诈鼎、日寇逼鼎、军统索鼎、无私捐鼎等几件事，勾连成潘达于的一生，以此力求全面呈现她保鼎、护鼎，再捐鼎的经过和心路历程。希望用苏州潘氏家族"沧海一粟"的故事，铺陈出广阔浩瀚的时代背景，体现中华文脉的价值，也是向以潘达于为代表的文化守护者、传承者致敬。

在排练开始之前，我们先详细地了解了当时潘家真实的情况。除了翻阅大量资料，还去了潘家老宅和上海博物馆，听潘家的后人和上博的工作人员讲述历史，感受潘达于先生的经历与心境。

苏剧演绎这个题材具有天然优势，不仅仅是因为这是一个发生在苏州的故事，更因为苏剧的文化背景、艺术风格与苏州人骨子里蕴含的隐忍、坚定有相通性。苏剧的主色调就是温和舒缓的，剧中没有高亢嘹亮的慷慨悲歌，也没有阴郁沉重的哀哀低鸣，苏剧的一切喜怒哀乐都是含而不放的。苏州人亦是如此，你看潘达于先生的照片，她永远是笑眯眯的，但她的内心却是无比坚强。

‖‖ 优秀团队

导演杨小青是"诗化越剧"导演

风格的开创者。她引领剧组在保持苏剧韵味的基础上进行了探索和创新，创造符合现代审美需求的、富有情怀和感召力的新编现代戏。全剧要跨越八十余年，为了避免枯燥乏味的讲述，以代言体和叙事体相结合，用插叙、倒叙等不同的手法把时间空间编织在一起。比如老年潘达于和青年潘达于（丁素珍）同台对话，这是她对于自身的幻觉、想象、回忆，一问一答之间夹杂了对现实的疑问和警惕。用演员的表演和灯光所营造的情景，打通过去、现实、想象的阻隔，直接向观众呈现了潘达于从伤痛不解到释怀捐鼎的心境变化。

音乐是戏曲的灵魂所在。《国鼎魂》是新编苏剧，传统的苏剧唱腔是典雅细腻的，但《国鼎魂》题材厚重凝练，表演上有非常强烈的戏剧冲突和强烈的情感色彩，这就要求作为作曲、唱腔设计和配器的周友良老师，不仅要体现剧种特色，还要将地方语言，包括肢体情绪等完美融入。为了完美契合戏剧感，推进剧情与人物心理，周友良老师以苏剧基本曲调【太平调】为主，并根据需要采用了【弦索调】【南方调】【流水板】等曲调以及快板等"快节奏"板式，还有我们苏州地方的童谣音调等。这样整体的强弱和节奏变化上就非常丰富，听觉色彩缤纷，富有现代气息和强大的感染力。比如在潘达于"思子"的一场独角戏中，人物是"半疯"状态的，情绪铺张非常强烈，这段唱腔设计上完全突破了苏剧以往的样式，大开大阖，还有轻快单纯的童谣，主题简洁而极具节奏化，赋予观众无边的想象空间。

舞美上写实地恢复了潘府正厅、攀古楼、大帅府等场景，观众看到舞台上苏州特色的粉墙黛瓦、雕花门窗等；又写意地将灯光与之相配合，使时空变幻自由灵动，营造氛围，凸显情绪，同时给予演员充分的表演空间。整个布景框架是可以跟随演员的表演自由组合的，用以营造不同的场景。

《国鼎魂》由苏州市苏剧传习保护中心出品，并与苏州市锡剧团有限公司、江苏省苏州昆剧院联合演出。依托于三家院团，剧组集结了许多优秀演员，除了苏剧团的青年演员外，其中也不乏一些"熟面孔"。比如曾与我合作苏剧《柳如是》和《满庭芳》的国家一级演员、"白玉兰"奖获得者张唐兵；国家一级演员秦兴；曾与我合作苏剧《花魁记》《满庭芳》、昆剧《牡丹亭》《跪池》《琴挑》等作品的国家一级演员、梅花奖得主俞玖林。还有昆剧院多次合作的老同事、老朋友，国家一级演员汤迟荪、王如丹、屈斌斌，还有我的学生翁育贤等等。大家从小都是"苏昆兼演"，对苏剧打心底有种亲切感，合作起来非常顺畅愉快。

除上述主演和主创外，还有大量的幕前、幕后人员为苏剧现代戏《国鼎魂》的呈现做出了贡献。自 2017 年夏天建组以来，剧组的每一位工作人员，都以饱满的工作热情投入到排练中来。从炎夏到深秋，从深秋到寒冬，《国鼎魂》经历了数次的修改、打磨，终于在 2020 年荣获第十六届中国文化艺术政府奖——文华大奖，这对于刚刚成立的苏剧团，对于苏剧这一古老剧种，意义十分重大。

一个挑战

我非常喜欢潘达于这个角色，她是一个外在沉静，但是内心特别强大，非常具有力量感、具有人格魅力，完全有别于传统戏的女性形象。

潘达于从十八岁演到近八十岁。《国鼎魂》是以倒叙的方式拉开序幕。整出戏在舞台上呈现的时间跨度是八十余年，我演了其中六十年——从结婚演到捐鼎，这六十年潘氏家族的兴盛衰落是和国家命运紧密相连的。年龄上的跨度满足了我之前一直想"从小演到老"的心愿，但同时对我也是一种挑战。毕竟这是一个现代戏，不像古装戏可以运用一些传统戏曲中各行当的程式，如小花旦、闺门旦、正旦、老旦等，这些行当首先就分出了年龄，但现代戏没有行当，程式是自由的，表演手法完全不一样。

对我而言，最大的难度就是"小"已经离我很远了，而"老"我还没体验过，这两段的状态开始都不正确。杨导经验丰富，塑造能力极强，她演出来的"小"和"老"都很到位。我开始是模仿她，但模仿出来又不是自己的感觉。平时也会刻意去观察一些老人的步履、神态，难的是如何掌握好一个尺度。老年潘达于也不能步履蹒跚，这就不仅要靠平时的观察和想象去表演，包括细小的动作、语气都要符合潘达于老年的特点，包括在妆容、发型、服饰上都有不断的变化。还有肢体动作，也需要随着潘达于年龄的增长慢慢往下沉。比如手部，最开始十八岁的时候是端一点，在胸前动得比较多。然后逐步往下，五十岁左右，手的动作基本都在腹部了，整个人的气息也要往下。最后一场八十岁的时候手的灵动感更少。这样观众看着，从行为上就很容易感觉出这个角色年龄的增长。

演青少年潘达于（丁素珍）首先要克服语言逻辑和行为逻辑。丁素珍作为一个十八岁尚未出阁的大家闺秀，她的思维模式非常简单直接，即使是碰上军阀抢鼎这种复杂问题也会用最简单直接的办法处理。排翁育贤还有苏剧团其他那些青年演员的戏的时候，

我就会特别注意观察，和她们交流，留意她们身上的那种少女感，青春洋溢的感觉。我经常会在学生身上找灵感，吸取营养，来弥补自身已流失的东西。青春的感觉是每个人都有的，是天然留在自己体内的，毕竟每个人都经历过，我要做的是激发出来并加以诠释。

化妆、服装、表演这些都好了，演员就很容易一秒入戏。不过手段是多方面的，不仅仅是这些。传统戏曲讲究"唱念做打"，又有"千斤道白四两唱"之说。作为演员，除了本钱嗓子和唱功之外，如何运用自身的嗓音条件去传递角色的内心情绪，如何给观众赋予人物此时所需的听觉审美，这才是应该着重思考的。如果声音手段不能随人随剧情变化，人物形象就不可能鲜活生动。

比如，用声音来塑造潘达于戏中的年龄跨度。每个人都有自己独特的音色特质，随着潘达于年龄阅历的变化，演员在演出中对音色的不断调整，真假嗓音结合的变化，以贴合她的年龄、性格、身份等鲜明特征。另外要用语言

色彩，比如抑扬顿挫、轻重缓急，还有语气语调、吐气换气等，这些变化用来体现角色的情绪心理。如果我们把声音具象化成线条，那在这场戏里应该向观众传递潘达于怎样的特质？是时断时续的点状情绪，还是连贯流动的细线条？其实很简单，就是把唱当话说，把旋律当成内心情绪。

当然，让观众信，首先你自己得信，要投入进去，用心去感受你演的人物。比如当解放军护宝鼎撤退后，潘达于有一句台词"从没有见过这样的军队，这样的兵"，我每次演到这里都会不由自主地落泪，就这么一句简单的念白，让我感受到当时战乱给老百姓带来的那种动荡；能感受到她这么多年把家里的东西封存、保护起来的不容易；以及对能过上安稳日子的最低也是最殷切的期待。

任何角色塑造都是相通的，重要的是理解和表达。理解就是分析角色，感受人物内心。表达是通过你的语音、气息、形体调度等手段，把内在的东西准确传递出来。换言之，一切表演都是基于你对角色的理解之上的——如果演员没有感受到角色的内心，为了演而演，为了唱而唱，结果就会流于肤浅。作为表演者，向观众传递的是我对潘达于的理解，所有的唱腔、语言、肢体都是表达手段。人物基调定准了，其他都是技术手段。内外结合，人物形象才能够和谐统一、形神兼备。

这个时代重视文化、尊重艺术，对于演员来说是机遇。大家认同我们的表演，作为一个文化的传播者，我们很自豪。我们会珍惜每一次排练、每一场演出，希望走得更远更好。

🎵 让人相信你的人物

除了年龄的跨度外，还有一个难点——如何让人觉得潘达于这个形象可信、吸引人。如何让大家觉得这个人既是真实存在过的，又能在平淡当中感受到这个人物的了不起，和她产生共鸣，留下深刻的印象。

影视界会讲一个词叫"人物弧光"，就是人物的成长，要让观众看到变化，看到一个人找到另外一个自己的过程。我的理解很简单，每个角色都会因环境、社会遭遇而改变，这是符合现实逻辑，符合真实人性的。舞台时间很短，不能娓娓道来，只能从外在的角色表演上着手。每个角色在不同处境、不同时间的不同表现和反应，恰好是这部戏的戏剧性和看点的立足之处，也是应该重点诠释的部分。

潘达于也有她自己完整的人物弧光。简单来说，她刚出场的时候是受传统教育的女性形象，是一种嫁夫随夫的状态。随着情节的推进，她接受了外部对她的挑战，性格特点和心理逐渐强大，最后征服了所有对手，也征服了自己内心，重归平静，以积极的方式结束了她的弧线。要注意的是，所有这些细小变化都要有内在联系和逻辑，否则就会出戏。

比如，在第一场中，青年潘达于（丁素珍）的生活看起来很美好，但内在危机涌动。她对一切的认识是模糊的，根源于她自己没有能力意识到问题。甚至当大帅进来抢鼎，她仍然要求公公用鼎换得丈夫潘家裕的性命。直到潘家裕

自刎，公公去世之前将潘家一切托付于她，她的世界才被彻底颠覆。你完全可以把这些情节想象成潘多拉的盒子，这也是潘达于内心的盒子，打开就不能关上了。自此，她开始追求她想要的东西，表面上是她要保护鼎，保护这个家。在更深的层次上，《国鼎魂》讲的是潘达于的成长。她从无意识变成下意识、有意识地认识到，并且开始追求她的内在目标。那么潘达于的内在目标是什么？很简单，是一种信仰、一种责任——一诺千金，一个值得为此牺牲奋斗的"事业"，一份精神自由。这是一个完全无形的东西，但也是《国鼎魂》的主题，是这个信念感在不断推进人物行动，这就是人物最大的驱动力。

在情节推进过程中，她想要的和她需要的一直在不断地发生冲突——为了护鼎，丈夫和大毛被杀，公公去世。整个过程潘达于在不断协调内部情绪和外部事件中获得了更多的力量，完成了自我最后的升华。

潘达于刚开始看起来是一名简单

无奇的弱女子，她一开始并未意识到自己身上的潜力特质，她的驱动力、生命力逐渐被一些特定历史事件开掘出来。她始终坚守初心，从历史跌宕起伏的遭遇中不断地吸收滋养，慢慢展现出她强大的生命力和丰富的内心世界，最终摆脱了女性固有的从属地位，完成了从懵懂冲撞到冷静成熟，从小女人到英雄的伟大蜕变。她血肉鲜活，勇敢，也有人性弱点，正是因为如此，这个剧有了更多的温度和烟火气。

《国鼎魂》是主旋律的新编正剧，承载了当下的价值追求和时代脉动。我们希望与观众，尤其是年轻观众能够对话，达成共振，鼓舞心灵，把正确的信念在潜移默化中传递给大家。在那个年代，在由男性把控主导的体系中，潘达于面对的路就好比直面深海一样，充满了未知和艰难险阻。每个人身上都有看不到的自己，不要因为没有就以为不可能，要坚守初心、坚定前行。小人物、真英雄、大情怀，忠于梦想，破浪前行，用温柔包容一切的女性力量，超越时代，绽放出不一样的光彩。

⑪ 电影

现代苏剧电影《国鼎魂》由苏州市委宣传部、苏州市文广旅局联合制作。这是历史上首部苏剧戏曲电影，对于苏剧具有十分重大的意义。电影由汪灏担任总导演，李莉、张裕编剧，蓝天执导，潘雪雪担任摄影执导，周友良担任作曲、唱腔设计。8月，我们剧组在上海实亿片场度过了将近一个月，圆满完成了前期摄制。

戏曲题材电影是中国电影的一个特色，20世纪60年代前后曾推出过一大批脍炙人口的经典戏曲电影，从《杨门女将》《十五贯》《天仙配》到《穆桂英挂帅》《碧玉簪》《女驸马》等，涵盖京剧、昆剧、豫剧、越剧、黄梅戏等多个剧种。应该说，从中国电影的诞生之作《定军山》开始，中国电影的起源跟戏曲就有密切关系，戏曲电影是中国电影的独有现象。不过，戏曲与电影的结合却一直在探索之中。我也希望通过这次拍摄，让传统戏曲通过大银幕散发新的生命力。

《国鼎魂》虽然演出了一百多场，

也录了几次像，能参加电影拍摄，我们都很开心，但是需要克服的困难也不少。比如电影里所有的场景都是真实的景，音乐、戏都需要重新走位。以前我们是直接面对观众，现在是前后左右都在拍摄。舞台演出是顺着演的，但电影是今天拍这段，明天拍那段，会跳着拍，不连贯。这些都和舞台表演距离较大，刚开始很不习惯。

把戏曲搬上银幕，需要在剧情上注重细节的真实，要经得住观众的挑剔，在节奏、审美上也要向电影过渡，做一些新的探索。戏曲演员在舞台上注重的是基本功，唱念做表，手眼身法步，是一个综合的展示；但是电影是局部体现，可能就是一个手，或者眼睛的特写。戏曲讲究的是一个整体，电影就变成局部放大了，改变了观众坐在剧场里看戏镜框式的欣赏模式。大银幕上，演员的一举手投足，甚至连面部肌肉的细微动作，都展现得淋漓尽致——美学观感上不一样，这就需要演员有意识地控制、修饰。比如口型，舞台上戏曲要字正腔圆，有时嘴型比较夸张。拍电影的时候会经常听到导演说："王芳注意嘴型。"电影要求自然！

舞台是平面的，电影强调空间感和调度。在剧情部分，电影和舞台差距不是太大，增加了一些意象化的处理，比如"鼎魂"的出现。还有一些大唱段，比如我独角戏那场，要十几分钟，非戏迷的观众在大银幕上看就会觉得太长。电影会尝试加入一些视觉元素，比如单独塑造了春夏秋冬四个空间，这样视觉会丰富些。

戏曲是演员一气呵成，在镜框式舞台中，观众现场选择"他想看的"。而戏曲电影除演员的演绎外，其"艺术创作"还取决于导演、摄影师、剪辑师等通过景别、剪辑、蒙太奇的主观引导。观众感受是完全不同的。当然，戏曲和电影都有着互相无法取代的特性。相对而言，作为传统艺术的戏曲多受中老年观众青睐，而电影受到年轻观众的喜欢。我希望在其中找到一个好的平衡点。现在都说"破圈"，希望《国鼎魂》公映后，可以通过电影塑造的视听感受破圈，兼顾更多类型的观众。

后有来者
——记青年演员王芳

陆文夫

我到苏州半个世纪了，人在一个城市里不能蹲得太长，太长了就会滚得一身毛，好像什么事情都和自己有点联系，而且还要忧心忡忡，担心自己所熟悉的人和事会遭受什么不测。传说中有一个论为乞丐的文人，大雪纷飞时冻得无处藏身，只得钻进农家的草木灰堆里，把讨饭瓢当作帽子扣在头顶上，稍稍暖和了之后就诗曰："身焙灰堆头顶瓢，不知穷人怎样熬？叫声老天歇歇风，救救穷人在难中！"

"文化大革命"期间我被下放到黄海之滨，冬天冻得缩在墙角里，忽然听说苏剧团和著名的苏剧演员庄再春、导演易枫也被下放到邻近的一个公社来了，顿时产生了那种"不知穷人怎么熬"的心理。我看过庄再春演苏剧《醉归》，那简直和诗一样的美丽！那么美的戏和人，怎么经受得起海滩上的风雪？

易枫约我去探望庄再春，到达时日已偏西，庄再春穿着老棉袄，戴着绒线帽，当门坐着，在那里剪螺丝。螺丝在庄再春的手里转动着，叮叮当当地掉在脸盆里，门外的北风刮起黄沙，打着旋子向海边飞去，我觉得那清丽婉约的苏剧也随着黄沙飘去了，再也不会回来了，荒野苍茫，前不见古人，后不见来者……

265

一晃过了 20 年，一个偶然的机会又看到了苏剧《醉归》，我事先也没有打听是谁演花魁女，还以为是庄再春又上台拼老命，心中有点不忍。我很害怕那无情的岁月会冲毁一个美神的化身，戏剧可以抢救，青春却无法永存。

花魁女出场了，几声吴依软语，跟着就是一声叹息："月朗星稀万籁幽，一腔新恨转家楼。"一个完全陌生的青年演员登场了——王芳！

在一场浩劫中长大的青年人能演花魁吗？要知道，这花魁女不是一般的妓女，历代文人笔下的妓女都不是真正的妓女，而是流落风尘的美丽、善良、温柔、多情的女性的化身。从虎丘山下的真娘，到常熟城里的柳如是，直到小仲马笔下的茶花女，托尔斯泰笔下的玛丝洛娃都是这样的。没有一点功力的人不要去写妓女，不要去演妓女，要不然的话，那妓女会成了真妓女，糟透！

王芳一登台就带有一种诗人的气质，举手投足不是风尘中人，而是温良秀美的古代女诗人。她没有把妖冶当作妩媚，没有把轻浮当作轻盈，没有把内心的苦闷当作无病的呻吟，她是那么的含蓄、深沉、娴静。对一个演员来说，最可贵的不是什么高难度的动作，而是一种难以描绘的气质，即通常所说的天生丽质。天生丽质不是天生的，也不仅仅是外貌的美丽，而是一种内心美的流露，是精神状况的物化。最高明的演员是用心灵演戏的，唱念做打是心灵的通道，即所谓的得手应心。得手而不应心者，那戏就少点灵气；应心而心不高雅者就没有那种高雅的气质。应该说，这一点是很难做到的，王芳似乎是个天才，一下子便进入了角色。

看完了王芳的《醉归》，不禁深深地透了口气，这不仅是一种难得的艺术享受，也是一桩心事的了结，当年在黄海平原上的担心并没有变成事实。苏剧没有消失，没有随那黄尘飞入东海，当我们担心苏剧消失的时候，那王芳已经 3 岁。

从此我认识了王芳，用不着打听她是师从何人，苏州这块土地是肥沃的，那些两鬓斑白的老阿姨，包括庄再春在内，她们对后来者的培养，要比我们这些局外人更为关切。一个人的成功无非是两点，一是勤学，一是苦练。勤学是师承，苦练是内省，没有老师的教诲，没有自身的努力，王芳是不会有如此的成就的。

苏剧的前身是苏滩，即苏州滩簧。苏滩和昆剧有着很深厚的渊源，王芳所在的单位是苏昆剧团，所以王芳不仅能演苏剧，也是昆剧的传人，她不仅能演文戏，还能演武戏，演完了花魁女之后能演扈三娘，一曲昆剧《寻梦》使人觉得她是张继青的妹妹。

我很少见到王芳，有时候会几年不见，但我总是不断地听到王芳的消息，一会儿到北京参加艺术节，一会儿到香港去演出，经常得到一等奖、二等奖和种种的荣誉称号，我想，这些都是应该的，是社会对一个演员的回报。我也在各种场合听到人们对王芳的称赞，开什么晚会的时候，人们都要问："王芳有没有来？"这一句话可算是一种最高的奖赏，苏州人能认可一个演员也是不容易的。

我总以为王芳是一帆风顺了，可是有一次，我陪外宾去游一座夜花园，这夜花园是特地为外宾开设的，把苏州的地方戏曲和音乐一一加以陈列。外宾来了就演出，十多人要演，三五人也要演。我陪着外宾在那寒气袭人的厅堂里看一折昆曲，看完离开时，突然有人叫："陆老师。"

我一看，是王芳！一怔："你怎么到这里来？"我认为王芳已经是一个大演员了，怎么会到这里来练摊呢。

王芳不好意思地说："陆老师，我们的工资低。"

"这里给你几个钱？"

"一天八块。"

一个名演员，一个晚上演唱十多次才拿八块钱。人们只知道曲高和寡，却不知道曲高价贱。那并不怎么高明的流行歌曲，一个晚上要成千上万呢！我抬头一看，王芳的神情却是依然那么清纯。

（原载《人民日报》1995 年 3 月 29 日）

王芳
——花魁女·李三娘

刘厚生

苏剧《醉归》是王芳同志小青年时期的成名作。随着年龄的增长，不断演出的积累，如今在她已是大青年之时，《醉归》更可以说已成为她的代表作之一。

我不知道王芳是否演过昆剧《占花魁》或其中《受吐》一折，也没有看过苏剧的全本《占花魁》，难以从全剧立论。但仅仅苏剧《醉归》一折，已经可以感受到王芳在表演才能上所蕴蓄的潜力和所显示的风采了。

观赏《醉归》，最好要先有些准备，即应先读过或最少先知道《卖油郎独占花魁》的故事情节。然而现在凭这一折就要让观众看得明白来龙去脉，正说明这是相当难演的一个戏，首先难在花魁女莘瑶琴这个主角身上。而王芳以她的艺术劳动拿下了这个戏，树立了一个清丽动人的形象。自她演此戏以来，一二十年间对她的评论大都赞扬她演出了角色清纯优雅出污泥而不染的本色，我也是持相同的看法，但是我想应该补充一点：她演的不止是一个落难的青春少女莘瑶琴，更是一个堕入风尘最少有五六年经历的花魁女。这是一个本质单纯而现已相当复杂的人物。

莘瑶琴同花魁女是一个人。作为小商贾人家出身、没有社会经验的稚弱少女，她当然是清纯无瑕，性格也是善良开朗的。但她不幸遭遇了战乱，12岁流落江南被卖入娼家，受其熏陶，更经过极为苦痛的折磨，不得不接受被侮辱被损害的命运。她的生活方式和思想感情当然有了极大的变化。她能成为出名的"花魁"，显然又是逐渐适应了这种生活的结果。但她内心还有矛盾，她不满飘零异乡的偏安社会，更不愿永远沉沦，她已有心计，建立了自己的"小金库"，准备为自己赎身，而这些从鸨母鼻子底下攒下的钱当然又是她酒宴席上应酬的所得。塑造这个复杂的角色形象，按照剧情，其主体虽然是她清纯、善良的一面，但也还要有她之所以成为花魁的另一面。当然不必多，但绝不能没有。她清纯，但已不是幼稚羞涩的花季少女；她善良，但已有了"花魁"的架势，敢于顶撞"妈妈"，不屑于接待一般的客人。然而这一面如果稍一过火，花魁多了，莘瑶琴就少了，她对秦钟的真情就会引起观众的怀疑。反之如果没有这一面，也就抽掉了这出戏的出发点。王芳创演的这个角色，情节简单而内心复杂，她最鲜明的特色就是恰如其分，准确而真实，她演了一个从花魁女回归莘瑶琴的完整人物。

《醉归》不具有尖锐冲突的强烈戏剧性，它的悬念只是"花魁"将如何对待卖油郎秦钟这一点。王芳出场时动作不大，只是疲惫地回转家楼。作为一位名演员，她并没有用一些手段，让观众眼前一亮，因为规定情境不需要。由此时一直到吐后惊醒，可以说都是显示"花魁"的一面，王芳注意到人物身份和这时的情境一点也不张扬。等到知道是秦钟用自己的外衣受吐时，情节陡转，她内心才陡然震动，情绪升华，一个停顿，她直视秦钟，两眼发光，观众也就感到眼前一亮。这不是演员的自我卖弄，而是角色性格感情的自然发展。这一段戏不过几分钟，却让我们看到一个厚道的卑贱者秦钟怎样以其本性的善良行为激发了另一个卑贱者善良的本性——她的善良本性已被黑暗社会有所腐蚀了。这一段戏是《醉归》的核心。王芳按照剧作的规定，演得朴朴实实而又光芒闪亮，让那个醉归的花魁女自自然然地向莘瑶琴转化了。王芳在这里是合情合理又相当深刻地表现了她的灵魂和人性的觉醒。观众对她前半场既骄又娇的神态行动可能有些同情，但不会喜欢，到了此时一转，当会会心微笑，感到了她内心的美。

然而花魁究竟已不可能回归成一个纯情少女，她比秦钟有更多的社会复杂性。她对他已经有了好感，也想到自己的终身，但直到最后她也没说出"我要嫁你"，而感情却实实在在已由感激转为爱恋。秦钟老实，似乎还没有清楚地感受到她发出的信息，观众却完全明了了。这在表演上又是一个需要恰当分寸的表现。王芳在这一节戏中性格显得开朗了，动作语言表达得轻快了，但是并不过火，稍一过火就会显得轻浮，她就是在演人物，真实地演人物的性格、感情。

如果说还有什么不足之处，我觉得花魁出场时的醉态似乎可以稍多稍重一些。她回到卧室时连旁边有一个生疏男人都没有在意，倒头大睡，可见醉得相当厉害。

从苏剧《醉归》这个意外相逢的戏我联想到王芳另一个也是意外相逢的戏——昆剧《白兔记》中的李三娘。我几年前观赏过《产子》一折，最近又看了全本录像，很受感动，我以为是她的又一个光彩焕发的代表性作品。

《醉归》写花魁，把她逃难、被卖入娼门等行动强烈的场面都放在幕后；而《产子》却是正面写李三娘被兄嫂欺凌、推磨、产子、咬脐等惨苦情节。这对王芳又是应考的难题。一般说来，表演艺术不应自然主义地过多表现那些刺激人感官的残酷场景，然而如果过于冲淡这些场景，又不能体现出她受苦受罪的严重。这就要求演员既不能淋漓尽致地表现苦难，又要让观众感受到苦难的严重性。王芳在《产子》一折中推磨时只是腆着怀孕的肚子吃力地又是麻木地推了几下沉重的磨盘就显出了足够的痛苦。分娩时更是全放在桌子后面，只用手掌伸出桌面张开颤动以示意，观众完全领略到她的痛楚却还有一定的美感。这些都是经过提炼、分寸恰当的优美表演。王芳演来举重若轻，观众则感受到充实和力度。

更精彩的是《出猎》中李三娘同咬脐郎意外相遇一场。同《醉归》中受吐一场一样，都是全剧情节转折的关键，是考验演员的"必演景"，而时间也只

271

看几分钟。王芳的李三娘带着距《产子》已有十多年悲苦情绪上场，她已被折磨得对一切人事都冷漠而绝望，对咬脐郎的讯问毫无表情，看也不看，毫无兴趣。在表演上是一种低沉重压的节奏，拒人千里的气氛。王芳挑水桶上场，几步路就让观众感受到她这十几年怎么过来的，是《产子》接下来自然合理的发展。等到无意中抬头一看，猛然一惊：太像刘知远了！怎么可能呢？于是再看三看，左看右看，越看越像，越像又越难相信。这几分钟之间的李三娘，内心可说是打翻了五味瓶般混杂。接着很少说话的她也忍不住要问几个问题，越问越激动，从惊异、怀疑到出现某些朦胧的希望——自己也不敢相信的希望。然而王芳却不让内心的激动、混乱表现为激烈的大动作，她十几年的压抑生活已经形成了一个冷冻的外壳裹住了她。这一段戏，王芳只是比出场时节奏稍快，动作稍大，仍然没有笑容，明显让观众觉得她此刻的感觉大约是像做梦又不是梦，遇到一个太大的意外又感到不可能的一种迷茫状态，尽管五内翻腾，却还不可能爆炸。王芳的表演呈现了一个此时此刻的真情实感李三娘。因为真实，所以感动人。

从《醉归》的花魁、《产子》《出猎》的李三娘，以及另外的戏如《长生殿》的杨玉环等等，各不相同的角色，我们还可以体会出王芳在不同角色身上显示出必然共有的"王芳特色"。舞台剧演员，包括话剧和戏曲，从来就有本色演员和性格演员之分。但是在我看来，真正优秀的大演员，无论侧重于本色还是侧重于性格，都应该是既能塑造出不同角色的不同性格形象，也一定会呈现出自己特有、与别的演员不同的风格特色。昆剧所有著名女演员，无一不演杜丽娘，观众都承认她们塑造的都确是杜丽娘，却又各有不同的风度和色彩，这正是表演艺术的魅力所在，也正是检验一个优秀演员优秀到什么程度的标尺。在我同王芳不多的接触中，我得到的印象是，王芳比较内向、聪慧，但又朴实自然，不是那种神采飞扬善于交际（这并不坏）的活跃人物，更从来不觉得她有什么张扬做作之态、浮躁卖弄之意。她的这种风采展示在她饰演的角色身上，花魁也好，李三娘、杨玉环也好，都显得自然流畅，内心充实，有吸引人的艺术力量而不显花哨。这表明王芳的表演已进入成熟的境界，她已显示出一个当家大旦角应有的个人气质。这不是"塑造"出来的，这是文化教养、做人品质、思想认识多年融会的自然果实。

当然，我想王芳在表演上应该说还有进一步提高的空间。比如，她表演的朴实风格是十分可贵的，但是在某些地方某些时候又会显得近乎老实。老实的表演绝不是缺点，有时却会削弱表演的空灵活泼之美。我以为对王芳可以提出更高的要求，她还年轻，她是有潜力又是努力学习的演员。

王芳表演艺术的根本特质，或者说她的表演所到达的境界可以肯定是现实主义，因此，研讨王芳的表演艺术，必不可免地会接触到戏曲——特别是如昆剧、京剧等古老剧种的表演艺术——是否需要走现实主义之路的问题。有一种说法：现实主义就是写实，话剧就是写实的，而戏曲是程式化的。只要用现实主义一词同戏曲相联系，就是要以话剧的写实方法来改造戏曲，就是对戏曲程式化的破坏，我尊重争鸣的权利，但我也略有微词，希望展开讨论。

现实主义作为一种文艺思潮，其根本要义就是要求文艺作品真实地反映社会人生，真实地表现典型环境中的典型性格。因此，它对表演艺术的基本要求，无论是戏曲或者话剧，也都是要塑造真实可信的人物形象。就艺术方法角度说，塑造真实可信的人物形象可以用写实方法，但也可以用非写实方法。即使话剧，用非写实方法以取得人物形象的真实感有时比戏曲还强烈。戏曲当然要充分运用程式，程式本身就是由真实生活中某些行动、动作、语言等概括和提炼而成（话剧实际上也有话剧的程式），它只是表演的一种手段，其作用是为创造真实情境和人物提供一个易于被观众认知的一般化基础即类型基础；而任何优秀演员在运用程式时都必然要将程式加以适当性格化，使其适合规定情境，并在可能范围内适当美化。即使在假定性的场景中也要求能产生一定的真实感。即如一桌二椅，首先就使观众承认这是室内，加上不同椅帔，红的就是公堂，白的就是灵堂，都是表现生活的真实。这些对程式的适当增益变化，运用之妙，在于一心，实际上就是使死的程式活了起来，是为塑造"这一个"人物所必需的。更应该看到，优秀演员在塑造角色形象过程中，一方面要尽量采用已有的常用的程式，同时更必须创造若干非程式性

273

的，只为这一个角色在这个情境中所能有，而且特有的唱做细节。梅兰芳在《宇宙锋》中扮演的赵艳蓉装疯卖傻，周信芳在《刘唐下书》中扮演的宋江对刘唐的似熟似生，裴盛戎在《姚期》中扮演的姚期听到儿子闯祸时的震惊，等等，都是性格化的，适合特殊规定情境的，美的，但都不是通用的程式，别人在别的戏里可能参照其精神，但不可能像上马行船起霸圆场、甩发搓手等那样照搬通用。

王芳在《醉归》中受吐后发现秦钟的善良本性时内心的震动，没有外化为程式性的大动作，在《出猎》中见到咬脐郎酷似刘知远时的意外和怀疑，也没有运用震惊激动的程式，因为花魁和李三娘的性格和情境都不可能也不需要那样的程式。但是两人又有区别：花魁对秦钟有了新的认识后其形象有很大转换，节奏轻快了，态度和善了，情绪亲切了；李三娘虽是受到一次重重的冲击，迷茫，混乱，不知所措，却仍然是裹在冷漠的硬壳里。王芳从人物性格出发，在该用程式的地方用程式，在需要有特殊处理不必用程式时就不用。她追求的是真实的人物创造，她演的是苏剧昆剧，谁也不会说她是话剧加唱，她走的是现实主义表演正路，现实主义同样适用于戏曲表演。

（2009 年 11 月）

品芳碎语
——我看王芳的戏

曲润海

一

王芳参加文化部的活动，是在 1992 年"天下第一团"展演。所谓"天下第一团"
是指稀有剧种，即一个剧种在全国只有一个剧团。其中又分两种情况，一种
是古老剧种衰落得只剩下一个剧团了，另一种是新剧种，还没有第二个剧团。
王芳当时演的是苏剧，当属第二种情况。苏剧参加在泉州举行的"天下第一团"
南方片展演，她以一折《醉归》获得优秀表演奖。遗憾的是我在南方片开幕
之后，要去山东淄博准备北方片开幕，未能看上苏剧的演出，因此也就没有
认识王芳。我认识王芳是 1994 年。先是她参加全国首届昆剧青年演员评比
演出，她获得 "兰花最佳表演奖"。接着她以昆剧《寻梦》《思凡》和苏剧《醉
归》，获得第十二届"梅花奖"。1995 年春节，王芳给我寄来了贺帖，我回
了她四句话：

> 吴女王芳，端庄大方。
> 文雅脱俗，兰苑丽娘。

从此，王芳每年元旦春节都给我寄贺帖，而且都比较早，有时竟是第一个。
2009 年她是第三个给我贺年的，我回她的贺词中称她为"探花"。我每年

给她的贺帖都是用毛笔写的，后来几年都写成了条幅，先是红宣纸后是白宣纸，盖了章。她给我的也不只是贺帖，她当了全国人大代表后，每到京开会，就给我寄一个首日封。我除了答谢的条幅外，也有几则是写看她演出的感受。这样竟然积累了18件。2007年我给她的贺年条幅是："雪尽天晴绝尘灰，轻轻鹅毛拂门扉。会心园里耀光彩，道是丽娘亦贵妃。"

我喜欢看王芳演戏，但看得并不多，除了前面说的三个折子戏外，还看了《长生殿》、苏剧《花魁记》、现代戏《都市寻梦》，都是完整的大戏。第八届中国艺术节她在宜昌演《西施》，约我看，我也正好住在宜昌。不料还没有等到她演出，我就被艺术司派往襄樊看京剧去了，看完了京剧又叫到了武汉，《西施》终于没有看成。看的戏不多，然而印象却是很深的。这是什么原因呢？其实戏不在多，而在精。不止在精，更在神，在情韵。有的青年演员在老师、导演的教导下，技艺十分熟练，就是不动人，就是缺了神、情、韵。

二

我曾经认为，昆剧是一门文雅艺术，我没用"高雅"一词。过去的昆剧剧本多出自有名有姓的文人之手，这些文人都有高度的文化修养，剧本取材多为文事，因此昆剧充满文气。他们感时愤世，于是借古代人物故事，寄托自己的思想和情绪，提出自己济世安民的观点。即使写妓女，也是写有文化涵养者。从流传下来的剧目看，其中的思想和情绪大多是积极的、健康的、有益的。昆剧的欣赏对象文化层次高。昆剧的效应更多体现在熏陶人的性灵而非眼下的微利。昆剧的表演较为雅致而较少俗气，是社会生活的典型化、艺术化。昆剧把故事和人物全部化入歌与舞当中来演，是最典型的"以歌舞演故事"昆剧的演员必须具有较高的文化涵养，高超的表演技艺。

拿我的这些观念看王芳，觉得她的演出最为得体，恰如其分。

作家陆文夫看了王芳演出《花魁记·醉归》，写了一篇文章，其中讲道：

> 王芳一登台就带有一种诗人的气质，举手投足不是风尘中人，而是温良秀美的古代女诗人。她没有把妖冶当作妩媚，没有把轻浮当作轻盈，没有把内心的苦闷当作无病的呻吟，她是那么的含蓄、深沉、娴静。对一个演员来说，最可贵的不是什么高难度的动作，而是一种难以描绘的气质……最高明的演员是用心灵演戏的，唱念做打是心灵的通道，即所谓的得手应心。得手而不应心者，那戏就少点灵气；应心而心不高雅者就没有那种高雅的气质。应该说，这一点是很难做到的，王芳似乎是个天才，一下子便进入了角色。

陆文夫先生这一段对王芳的评价，解开了我喜欢看王芳演出的心结：我也是欣赏她诗人的气质，诗的情愫。

三

说王芳具有诗人的气质，她的演出具有诗的情愫，也是由于昆剧是一门文雅艺术，昆剧剧本充满文气，就是说昆剧具有诗的品格。张庚先生有一个"剧诗"说，说破了戏曲剧本尤其是昆剧剧本的奥妙。他认为，把戏曲剧本当作一种诗的形式看，是很有道理的。他说：

> 剧诗也和其他的诗一样，要言作者之志，也可以载一定的道……其原因在于它所用以言志或载道的材料既不是主观的直抒胸臆的感情，又不能对于所描写的对象直截了当以作者的资格来发表意见……他的感情是对于社会生活，对于某些人们和他们之间的具体关系的是非臧否之情……他必须抓住他所认为的人物和事情的关键，集中而鲜明地表现出来……戏剧诗人用以言志载道，表达他的诗情画意的，并不在孤立的几行诗，

而在对于整个戏的艺术匠心……成为好剧诗的根本是思想感情的丰富，但借以表达这些思想感情的却是语言……一段让人老挂在嘴上的剧诗，一方面是它本身的语言漂亮，另一方面，它却必须是剧情发展的结果……作为它的最独特的东西，还是人物性格语言的诗化。

张庚先生的"剧诗"说，是中国的戏曲美学。遵循"剧诗"精神进行戏曲创作，就是主观与客观的结合，讲究情景交融，要有"情境"，这是中国戏曲的传统。这种精神贯彻于戏曲的各个方面：剧本、表演、导演、舞台美术等等。

拿张庚先生的"剧诗"说看王芳演的几个戏，哪个不是诗？《牡丹亭》《长生殿》不用说，是地地道道的诗作经典。西施的传说本来就充满诗意，在郭启宏的笔下更成了一部新的"剧诗"。作为"剧诗"的昆曲的表演者，如果根本不喜欢诗，那是很难表演好昆剧的。王芳喜欢读诗，尤其喜欢读词，她告诉我，她喜欢翻看《唐宋词鉴赏辞典》："它可以帮助我提高对剧本原著更好的理解。"她的这种喜好恐怕和她的家庭教养分不开。她的父亲是大学教授，当年几家大院团都看上了王芳，父亲都不同意她去，而名声不大的苏昆剧团却同意她去了，就是因为昆剧文雅，有深厚的古典文学——诗的积淀。父亲同意了，也说服母亲同意了。这种幼小时期潜移默化濡染成的习性，是终身受用的。这种濡染，表现在昆剧的表演里，就是王芳的诗情、诗韵。这也就使得王芳表演的人物耐看，她演的《牡丹亭》，特别是其中《寻梦》的杜丽娘，我以为是同龄昆剧演员中演得最好的，就是因为在她的杜丽娘身上有一种含蓄的耐人寻味的诗情、诗韵。

四

2000 年首届中国昆剧艺术节，我受邀到苏州看戏，我的女儿同我一起去。首场看了王芳演的《花魁记》，女儿说王芳真漂亮，演得真好！在驻地碰上了王芳，我告诉女儿她就是王芳。女儿悄悄问我：她就是王芳？不像个演员呀！王芳在台下确实没有一些名演员那种神采飞扬的做派，却有端庄大方的风度。因此女儿牢牢记住了她。2007 年，中国戏剧节在苏州举行，我又有幸到了苏州，又是女儿陪我去，刚进入场门女儿把我拽住："爸，王芳！"回头看，正是王芳坐在离入场门口不远的地方。按一般名演员的习惯，民间说"见官低一级"，有官员或名人看戏，名演员往往要坐在官员和名人身边的。戏剧节自然有领导和名人看戏，王芳要有"见官低一级"的习惯，不会坐在后排，可是她就偏偏坐在了后排。也是 2007 年，非物质文化遗产戏曲展演，她演出苏剧折子戏《醉归》，还是女儿与我一起去看，女儿又一次说："王芳就是漂亮，演得就是动人！"同场演出的还有蒲剧《挂画》等。演出结束上台会见，本来想看看王芳，却被山西的演员包围，没能过去。当晚王芳给我发来短信说："我看见你了。"看见了却没有挤过来，这就是王芳：她含而不露！

据说这种质朴无华的风度是由于一件小事警觉，影响到如今的。上一年级时学演《扈家庄》，大家都觉得不错。有天她去食堂用盘子打汤，食堂的阿姨说汤一定得盛在饭盒里。一时兴起，她放下盘子走了，伤了阿姨的自尊心，老师要她去道歉："不要让人觉得你骄傲了。"这件小事使她久久不忘，牢牢记住要戒骄，每次得奖后，穿什么衣服都很注意不要太显眼，不高调。她说："有人说的好，不是人人都能活得低调，低调的基础是曾经高调而且还能高调，希望我能永远做到能高调而不高调。"谦逊已经成了她的一种自然的规范。她"一生儿常爱是天然"！王芳出身书香门第，养成了温雅、谦和的性格和风度，让人觉得王芳平易可亲近，喜欢她的为人，也便喜欢她的为艺。我有一首《四看王芳》，便表达了我的这种心情："王芳七年四回看，台上台下两个人。做戏施展百般技，做人只求一点真。"

五

王芳扮演了中国四大美女中的三个：西施、王昭君、杨贵妃。历史上特别是宫苑中，美女何其多。然而被排名"四大"的却只有这么几个，是拿什么标准选定的？其实她们不是像现在单纯"选美"选下的，她们都是由于具有献身精神。为了自己的民族国家做出了牺牲，是令人敬佩的。杨贵妃如果不是以她的自缢身死，稳住了六军，而是被乱军所杀，在唐朝她就是个被否定的坏女人，后世谁还会歌颂她？所幸开放的唐王朝首先就肯定了她，所以才有白居易的《长恨歌》，才有众多咏颂她的诗、文、戏，才会有洪昇的《长生殿》："借《太真外传》谱新词，情而已。"回到"剧诗"说，就是"他的感情是对于社会生活，对于某些人们和他们之间的具体关系的是非臧否之情"。洪昇写《长生殿》，白居易写《长恨歌》，都有一个情——"臧否之情"，在他们心灵深处。尽管时代不同，感受也不会相同，但总有些相同的地方。

演杨贵妃，王芳如果没有自己对人物的理解、臧否，是很难演准确，很难演得动人的。洪昇的《长生殿》虽然也写了宫廷豪奢、人民疾苦、社会动荡、国运衰微，但主轴是李杨爱情，而且写得专一，专一到了独霸的程度。杨玉环不是政治女性，因此她在"六宫粉黛无颜色""三千宠爱在一身"的时候，也没有要当皇后的念头，她只要唐明皇。这些王芳是理解的，她更把握住了杨玉环的妩媚而不妖冶、轻盈而不轻浮、娇柔而不造作、聪慧而不诡谲、嫉妒而不狠毒，她集中了宫中女性的许多特征，但又不是长孙皇后、武则天，她只是要与唐明皇"在天愿作比翼鸟，在地愿为连理枝。天长地久有时尽，此恨绵绵无绝期"。她虽然也说过："但恐采蘋巧计回天，皇上旧情未断，因此常自提防。唉，江采蘋，江采蘋，非是我容你不得，只怕我容了你，你就容不得我也！"但她并不害人。正如唐明皇在戏里说的："情深妒亦真。"这些王芳都把握得准，因此演得分寸得当。杜丽娘、杨贵妃是王芳艺术道路上的两个重要标志，所以2005年我给她的贺年词中说："苏州校场羽翎飞，来者丽娘与贵妃。生死为情天地久，美神座座里程碑。"

六

从《扈家庄》到《长生殿》《西施》，王芳经历了一个学、演、创融会贯通的过程。如果说，艺术以文学打底子内涵才厚实，那么戏曲演员的表演以武戏打底子功夫才扎实。而以武戏打底子，也应是昆剧的武戏。我们常看到一些京剧或梆子戏的武戏，蹦蹦跳跳，打得很火爆，掌声也不少，但就是没味。昆剧的《扈家庄》则不然，它是舞蹈诗。特别是扈三娘与林冲的交战，不像与王英开打，几下就把他擒拿了。林冲是八十万禁军教头出身，不是等闲的草寇，因而强强相遇，互相佩服对方武艺的高超，必须亮出自己的全部解数，反复较量。最后被擒拿，输得也服气、漂亮。每看昆剧的《扈家庄》，总是一种惬意的享受。王芳以这样雅致的武戏打底子，自然身上好看得多，在《长生殿》里"舞盘"，身段技艺并不琐碎、堆砌，而是自如、轻盈、舒展，唐明皇迷她，观众爱她。

应该特别提到的是，王芳还多次演出《白兔记·养子》的李三娘。这也是好多剧种演出的剧目。李三娘虽然是后汉皇帝刘知远的原配夫人，属于有品位有涵养的女人，但她与刘知远失散，处境与普通妇女没有多少区别了。因此她把孩子生在磨房里，够凄惨的了。许多评论文章都提到王芳在演李三娘磨房分娩时简约而震撼人心的动作和语言，与其他剧种剧团演员不同，她在导演的提示下，把话剧的体验和传统戏曲的表现，融会贯通了，是她的出新、创造之处。

七

王芳表演的出新或创新源自她艺术和生活的积累。这种积累经历了三个阶段。从进入苏昆剧团学戏到正式成为一名演员，是第一阶段。为参加全国昆剧青年演员评比演出和争取梅花奖而精排细磨几个折子戏，到获得梅花奖以后的几年，是第二阶段。获得"二度梅"前后是第三阶段。王芳把三个阶段的进程比喻作"练字"："首先要描红，按照字帖的样子去填满字，不出格；其次就是临帖，这个过程已经有自己的东西在里头了；第三步就是摆脱帖子，有自己的理解和个性，然后去完成自己的表达。小时候演戏，形体动作都会很到位；过了一个阶段后，也许就会把这些东西打磨掉，会拆散了再重新去演绎，按塑造人物所需要的去演。"三个阶段可以概括为：模仿、体验、表现。三个阶段的积累，既有艺术形式的，也有生活、思想的，二者是融会贯通的。这种积累使她对昆曲的文辞、剧情和人物都有了更深入的理解。这是王芳与一些青年演员的不同之处。

王芳本不会饮酒，却要演花魁《醉归》，怎么能演得像，演得有醉意，她想体验一下，买了半斤后劲颇足的醇酒，一口气喝下。虽然引起了酒精过敏，却也确实体验到了醉酒的感觉。王芳已是人母，自然对分娩深有感受，因此演李三娘磨房分娩能够演得越来越真切感人。这些生活的积累，反映在舞台上，对刻画人物无疑是需要的，而这已经是王芳的创造。然而，体验仅仅是艺术反映生活的一个阶段，并不是戏曲表演的主要特征。顺着张庚先生的"剧诗"说、"表现"说看戏曲，表现才是戏曲表演的主要特征。张庚先生的戏曲论文里，很少讲反映，经常讲的是"表现"。与"表现"说相关的是"变形"说、"外化"说。这就抓住了戏曲表演的特征。而如果没有一定程度对生活的认识、提炼，没有相当程度的艺术积累，是不容易达到表现的境界的。王芳在获得"二度梅"之后，艺术上进入最佳境界，几年内就主演了两部完整的大戏，成功地塑造出了王芳版的杨贵妃和西施，这在这一代演员中是少见的。

八

从看王芳演出的戏，我又想到了推陈出新的问题。现在对舞台艺术过分强调创新、新创、原创。也许这只是对现代戏的要求。其实就是现代戏，也很难在艺术形式上完全"原创"。就是王芳演过的现代戏《都市寻梦》，也没有脱离昆曲，即使那是不折不扣的原创吧，现在也不演了，原创又有什么用？我以为整个戏曲剧目还是要"三并举"，但昆剧却不必勉强编演现代戏，搞一点古代戏也需要，当前主要还是应该保护继承经典戏或者传统戏。而继承传统戏，推陈出新还是需要的。

这里我特别想说一下王芳主演的全本《花魁记》。我前后看过两次完整的《花魁记》，看过几次其中的《醉归》，每次看得都很激动。激动之一，这是一个推陈出新的好剧本。我没有看过苏剧原来的演出本，我看的是经过褚铭整理改编过的剧本。剧本显然不同于《卖油郎独占花魁》，它不强调独占，而着意刻画性情，把握准或校正了两个人物。虽然花魁（莘瑶琴）也与其他风尘女子一样，难以洁身自好，也得在污泥浊水中挣扎度日，但她有寄托，希望有朝一日能恢复正常人的生活。在未见到卖油郎秦钟以前，她没有真正的希望。秦钟是个下层人民，有一定的文化，曾经在逃难的路上救助过她，匆匆离开（小说里没有这个情节）。再度相逢时，她因酒醉难以相认。秦钟爱她，但尊重她，也不提过去的事，他是以自己的行为感动花魁的。花魁所以能被卖油郎打动，是她的人格受到了尊重。沦落风尘之后，她只能受玩弄，不能受尊重。只有一个卖油郎关心她，爱护她，她别无选择。显然，苏剧本的人物脉络比小说更清楚，写得更合乎情理。2000年10月，我第二次看了苏剧《花魁记》，激动之余写了一首打油诗："四月初赏十月重，喜其清雅似兰繁。苏剧堪比苏林苑，缜密布局工巧精。"

激动之二，《花魁记》虽然是苏剧，但由于苏剧长期同昆剧合演，使苏剧习染上了昆剧的气韵，与江浙的其他滩簧戏风格明显不同，更近于文雅，加上苏剧的特色音乐，既戏曲化又有现代感的舞台美术，整体看这是一个新戏而非老戏新排。

激动之三，王芳鲜活细腻的表演，使人陶醉。《醉归》一折是苏剧的经典，演好不容易。然而王芳却左右逢源，演得动容动情。在"豪门不把笙歌歇，

283

说什么西湖胜汴州",悲叹声中醉归,把秦钟当作寻花问柳之徒,不屑一顾,自顾和衣睡去;半夜呕吐,要茶,颇有名妓派头;黎明酒醒,发现秦钟伺候自己一夜,用衣襟兜了她呕吐的秽物,内心震动,相见恨晚;留下秦钟的衣衫,说为他洗好后送去,又说要秦钟来取,以图再能相见;秦钟走后,怅然若失……这几个层次,王芳表演得不仅十分清晰,而且很有节奏,渐细渐深,演出了花魁的内心世界,也演进了观众的心里。正如陆文夫先生说的,王芳是"用心灵演戏"的,是最高明的演员。

九

从王芳演的几个戏,又印证了昆剧是一门动态艺术,动态艺术应该动态保护。说昆剧是动态艺术,是说它是活着的艺术。昆剧能够首先列入世界非物质文化遗产,是因为它是濒危艺术,但是濒危并不等于死亡。即使没有了剧团,也不一定就必然死亡。永嘉昆剧团在"文革"中被撤销了,但是人还在心不死,现在不是"春风吹又生"了吗?至于说昆剧还能发展,别的昆剧团似乎看得不很明显,苏州昆剧却由于同苏剧长期合演,明显地与人民大众有一种天然的亲缘关系,它自己也就有了一种与众不同的活力。

动态艺术应该动态保护,是说除了修昆剧博物馆,把原始的珍贵资料收集保存起来,供展览、研究、教学、创作借鉴外,更主要的还是应该保护演员。不可能把活灵活现的王芳保护在博物馆里,要保护在舞台上,保护在剧团里,就要不断地演出,而不是供奉起来,那样高贵是高贵了,却也僵化了。要保护在民间,就是要支持广泛的民间活动,曲社曲会的存在,就是一个宽厚的宝塔基础。更有一种不可忽视的积极的保护,就是在继承的基础上创新、发展。因此,我曾异想天开,戏曲界出现新时代的魏良辅、梁辰鱼,吸收苏剧的音乐素材,加以研磨,创作成新的苏州昆剧音乐,以适应编演新的适合昆剧演出的剧目。现在,苏剧和昆剧分开了,我仍然乐于再看王芳演苏剧:"兰花墙外卓然开，闻道昆苏两摆台。我盼花魁还夺冠，仍需锦绣一身裁。"

就昆剧而言，目前还是应该首先大力继承好自己的经典剧目，重视整理改编传统剧目，适当编演历史题材剧目，不必勉强搞现代戏。有文化涵养的王芳也在思考这个问题。她认为："传统戏不能忽视，新戏也需要排。我个人觉得对传统剧目的发掘、整理、恢复、继承还应该是首位的，不然怎么能称为人类遗产呢？""昆曲最大的魅力就是含蓄之美，好的演员应该去引导观众欣赏昆曲内在，不能为了迎合观众而把昆曲艺术最本源的东西丢掉，昆曲经典内涵是不能轻易篡改的。"面对改革，也应有自己的思路。市场意识是不能没有的，做大做强却很容易理解为搞大中心之类，把不同品种、不同风格的艺术捏合在一起。如果这样做大，昆剧难免要回到"非遗"保护之前的状况。王芳说得好：文化的魅力在于多元。从这个意义上讲，经济全球化的今天，民族文化更要加倍珍惜。

十

无论是抢救、保护，还是继承、发展，都离不开人才，一代又一代的人才。

艺术表演人才的成长成熟，有一个小周期，一个大周期。小周期约十年，即十年应该有一批青年尖子演员。大周期约20年，即20年要有一些成熟的名演员。好比游览名胜，一段台阶有一个小平台，一段大台阶，有一个大平台。如果10年没有青年演员出来，20年没有成熟的演员，就有了人才的困难。如果20年连青年演员都没有，那可就危机出现了。昆剧所以没有消亡，就是曾经有一个"传"字辈，后来陆续有一些不同年龄段的演员，所以总体上没有断线。但是总体上又显得稀少、残缺，且从"传"字辈到"世"字辈，相距大约20年，因而感到窘迫。而"世"字辈以后，50到60岁的演员最少，苏州就不知道这个年龄段的演员是哪几位。所幸王芳这个年龄段的演员，除上昆外，各院团都有了。而上昆则有了比王芳们小的谷好好这一批，苏州又有了比谷好好们更小的沈丰英、俞玖林这一批。从苏州昆剧看，已经走出了人才最困难的时期，但仍然大意不得，还必须每十年出一批王芳、沈丰英、俞玖林，这样才是"继""承""弘""扬"的局面。

戏曲演员阵营有点像军队。过去有句话说：铁打的兵营流水的兵。兵在不断地更替、调防，兵营却长久地存在。但是如果没有兵可更替、调防了，兵营也就没有存在的意义。戏曲剧团里如果长期没有演员存在、更新，剧团也就名存实亡了。因此艺术教育、人才培养是戏曲艺术也是昆剧艺术保护、继承、弘扬、发展的根基。如今王芳已是苏州昆剧的传承人，她也有了出类拔萃的学生。在《牡丹亭》《长生殿》同时投排的时候，她把自己拿手的《牡丹亭》让学生辈去排演，她去啃没有啃过的硬骨头《长生殿》。她啃下来了，啃得有血有肉。这不单单是让戏的美谈，这更是作为传承人、教师的典范。

"学然后知不足，教然后知困。"（孔子引述《礼记·学记》的话）王芳作为传承人，当然现在还不能和"传"字辈、"世"字辈的传承人相提并论，她还显得年轻。但处在苏州的特殊地位，她别无选择，只能当仁不让。为此，她必须继续率先垂范，既当好学生，又当好先生。当好的标准，不仅是把青年演员推上前台，让他们漂亮登场，更重要的是让他们原汁原味地学得更多更好。为此她让自己的学生沈丰英拜自己的老师张继青为师，由长辈手把手直接有效地示教。这不仅袒露出她开阔的襟怀，对苏州昆剧来说，更具有长远的战略意义。她担负着承先启后、继往开来的大任。她既要上舞台，又要上杏坛，她任重道远！

（2009 年 11 月 11 日）

王芳艺术大事记

1963 年

4 月生于苏州。

1970—1976 年

苏州市虹桥小学学习。

1976—1977 年

苏州市第二十四中学学习。

1977—1981 年

江苏省苏昆剧团（现江苏省苏州昆剧院）学员班学习。

1979 年

参加苏州市青年演员汇演，演出昆剧《扈家庄》，并获学员一等奖。

1981 年

参加苏州市青年演员汇演，演出苏剧《醉归》，并获学员表演一等奖。学员班毕业，开始在原江苏省苏昆剧团，现江苏省苏州昆剧院工作。

1983 年

于南京演出苏剧《五姑娘》，获江苏省"优秀演员奖"。

1986 年

于南京演出苏剧《醉归》，获江苏省第一届青年演员大奖赛二等奖。

1990 年

于南京演出苏剧《昭君出塞》，获江苏省第二届青年演员大奖赛三等奖。

1992 年

6 月，于泉州演出苏剧《醉归》，在文化部主办的"天下第一团"优秀剧目展演中获优秀表演奖。

10 月，获中华人民共和国国务院颁发的国务院政府特殊津贴。

1994 年

6 月，于北京演出昆剧《牡丹亭·寻梦》，荣获首届全国昆剧青年演员交流演出大会兰花最佳表演奖。

9 月，获苏州市第二届文学艺术奖。

1995 年

以昆剧《寻梦》《思凡》、苏剧《醉归》三折戏摘取中国戏剧梅花奖。

3 月，在全省城镇妇女"巾帼建功"活动中，被评为"巾帼建功"先进行业标兵。

1996 年

4 月，荣获江苏省"三八红旗手"光荣称号。

1997 年

3 月，参加 1995—1996 年度"跨世纪奉献杯"四项能手活动，被评为艺术表演能手。

3 月，苏州市委宣传部、苏州市文化局、苏州市人事局授予王芳为苏州市文化系统先进工作者，记三等功一次。

1999 年

昆剧《牡丹亭》在苏州开明大戏院沁兰厅演出。

2000 年

4 月，在首届中国（苏州）昆剧艺术节暨优秀古典名剧展演中，演出苏剧《花魁记》，荣获优秀表演奖。

2001 年

昆剧《白兔记·养子》在苏州会议中心首演。

昆剧《白兔记·养子》在中国台北新舞台演出。

7 月，苏州市人事局、苏州市文学艺术界联合会授予王芳为"德艺双馨"会员（三等功）。

2002 年

9 月，被评为第二批苏州市优秀专业技术拔尖人才（2002—2007 年）。

11 月，在联合国教科文组织"人类口头遗产和非物质遗产代表作"中国昆曲优秀中青年演员评比展演中荣获"促进昆曲艺术奖"。

12 月，当选第十届全国人大代表。

2003 年

4 月，荣获苏州市 2000—2002 年度劳动模范称号。

12 月，被评为苏州市各民主党派、工商联"为'三个文明'建设服务（1999—2003 年）"先进个人。

2004 年

1 月，获 2003 年度江苏省苏州昆剧院艺术业务主创奖。

4 月，昆剧《长生殿》在中国台北、新竹、桃园等地演出。

5 月，荣获苏州市第三届文学艺术奖。

8 月，受中华人民共和国文化部聘请，担任第七届文华奖评奖委员会评委。

11 月，昆剧《长生殿》在苏州开明大戏院演出，并获第二十八届世界遗产委员会颁发的感谢证书。

11 月，参加第一届长江流域戏剧艺术节，昆剧《长生殿》在张家港大剧院、昆山大戏院等地演出。

11 月，昆剧《长生殿》在中国台湾演出，并获中国台湾金钟奖最佳传统戏剧节目奖。

12 月，纪念洪昇逝世 300 周年，昆剧《长生殿》在北京保利剧院演出。

2005 年

3 月，参加香港艺术节，昆剧《长生殿》在中国香港演艺学院歌剧院演出，并获"最佳剧目奖"。

4 月，被国务院授予"全国先进工作者"荣誉称号。

6 月，被评为江苏省中青年德艺双馨文艺工作者（享受市级劳动模范待遇）。

9月，获首届苏州"杰出人才奖"荣誉称号。

10月，参加祝贺十运会召开的省委宣传部优秀剧目调演，昆剧《长生殿》在南京紫金大剧院演出。

11月，以昆剧《长生殿》摘取中国戏剧梅花奖"二度梅"。

11月，参加第七届上海国际艺术节，昆剧《长生殿》在上海逸夫舞台大剧院演出。

2006 年

3月，被中华全国妇女联合会授予"三八红旗手"荣誉称号。

3月，荣获苏州市妇女联合会主办的"感动苏州·十大母亲"。

7月，参加第三届中国（苏州）昆剧艺术节，演出昆剧《西施》，并获文化部颁发的优秀剧目奖。

12月，荣获第四届苏州市文学艺术奖突出贡献奖。

12月，入选江苏省文化厅颁布的江苏省非物质文化遗产（昆曲）代表性传承人。

12月，昆剧《长生殿》获苏州市第七届"五个一工程"入选作品奖。

2007 年

1月，昆剧《长生殿》在比利时王国列日瓦洛尼皇家剧院演出。

5月，受文化部聘请，担任全国昆曲优秀青年演员展演评奖委员会委员。

5月，担任苏州市未成年人昆曲教育传播中心主任。

9月，昆剧《西施》获第十届精神文明建设"五个一工程"入选作品奖。

11月，参加第八届中国艺术节，昆剧《西施》在宜昌演出。

11月，结业于北京大学江苏省"五个一批"人才高级研修班。

11月，以昆剧《西施》，荣获文化部第十二届文华表演奖。

2008 年

1月，当选第十一届全国人大代表。

2月，入选文化部颁布的国家级非物质文化遗产项目（昆曲）代表性传承人。

3月，荣获苏州市妇女联合会、苏州市人事局授予的第三届苏州市"十大女杰"。

7月，受聘为江苏省艺术专业高级资格评审委员会委员。

9月，受文化部聘请，担任第十一届文华奖评奖委员会评委。

2009 年

6月，参加第四届中国（苏州）昆剧艺术节展演，演出昆剧《长生殿》，并获文化部颁发的优秀表演奖。

12月，荣获第五届苏州市文学艺术奖。

2010 年

5月，受文化部聘请，担任第十三届"文华奖"评奖委员会评委。

2011 年

5月，参加昆曲申遗十周年系列展演活动，在北京大学演出昆剧《满床笏》。

10月，新编苏剧《红豆祭》在苏州市公共文化中心首演。

2012 年

7月，参加第五届中国（苏州）昆剧艺术节展演，演出昆剧《满床笏》，并获文化部颁发的优秀表演奖。

12月，参加昆曲名家年度雅集，表演《寻梦》《惊梦》片段。

2013 年

1月，当选为第十二届全国人大代表。

6月，昆剧《长生殿》在国家大剧院戏剧厅演出。

2014 年

3月，昆剧《长生殿》在苏州市公共文化中心演出。

4月，凭苏剧《柳如是》获得第二十四届上海白玉兰"主角奖"。

4月，昆剧《长生殿》在武汉大剧院演出。

9月，参加中央电视台中秋晚会演出，演唱苏剧《明月几时有》。

10月，参加苏州市地方

戏（曲艺）优秀剧、节目进京展演，苏剧《柳如是》在北京梅兰芳大剧院演出。

11月，被授予首届"姑苏文化名家"称号。

12月，参加江苏省苏州昆剧院新院落成系列活动，演出昆剧《长生殿》《牡丹亭》《白兔记》。

2015 年

2月12日，在江苏省戏剧家协会第六次会员代表大会上再次当选副主席。

6月9日，获江苏省第二届"紫金文化奖章"。

8月1日、2日，参加"中国戏曲节"，在中国香港文化中心大剧院演出昆剧《满床笏》、苏剧《花魁记》。

9月26日，在北京大学百周年纪念讲堂，与著名昆剧表演艺术家石小梅合作演出串折版《牡丹亭》。

10月12日，昆剧《白兔记》作为第六届昆剧艺术节的开幕大戏，在昆山大剧院上演。

10月25日，新编苏剧《满庭芳》作为第十四届中国戏剧节的开幕大戏，在苏州文化艺术中心上演。

2016 年

1月1日，参加江苏省苏州昆剧院"源远流长盛世流芳"新年音乐会。

4月2日，参加庆祝浙江昆剧团成立六十周年系列活动，演出《养子》。

4月16日，于北京大学

百周年纪念讲堂，演出昆剧《长生殿》。

7月，参加"源远流长 盛世流芳"苏州昆剧院建院六十周年系列演出，演出昆剧《小宴》。

10月22日、23日，于上海天蟾逸夫舞台参加"600分钟600年"系列演出，演出昆剧《寻梦》《幽媾》。

10月底至11月，昆剧《满床笏》在武汉、长沙、岳阳等地巡演。

11月12日，苏剧《满庭芳》参加首届苏州文华奖演出，并获个人优秀表演奖。

11月22日，参加第三届江苏文化艺术节演出苏剧《满庭芳》，并获个人优秀表演奖。

2017年

1月1日，参加江苏省苏州昆剧院"源远流长盛世流芳"新年音乐会。

5月，任苏州市苏剧传习保护中心主任，江苏省苏州昆剧院名誉院长。

5月18日，参加2017世界城市峰会招待演出，演出昆剧《游园》。

6月20日，参加北方昆曲剧院建院六十周年展演，演出昆剧《折柳阳关》。

6月25日，"姑苏文化名家工作室"挂牌成立。

10月4日，于昆山当代昆剧院参加"昆曲回家"——"大师传承版"《牡丹亭》，演出《寻梦》一折。

11月24日，荣获第四届"全国未成年人思想

道德建设工作先进者"称号。

12月，入选中宣部文化名家暨"四个一批"人才。

2018年

1月1日，参加江苏省苏州昆剧院"源远流长盛世流芳"新年音乐会。

1月27日，苏剧现代戏《国鼎魂》在苏州人民大会堂首演。

1月30日，当选第十三届全国人大代表。

2月24日、26日，参加"霓裳雅韵·兰庭芳菲"上海昆剧团建团四十周年系列演出，分别演出《折柳阳关》《长生殿·絮阁》

3月1日至5月19日，苏剧现代戏《国鼎魂》于张家港、常熟、昆山、太仓等地巡演十场。

8月14日、15日，于北京参加全国基层院团戏曲会演，演出苏剧现代戏《国鼎魂》。

10月2日，于南京参加"紫金文化艺术节"展演，演出苏剧现代戏《国鼎魂》。

10月16日，参加第七届中国昆剧艺术节，演出苏剧现代戏《国鼎魂》。

10月27日，参加"紫金文化艺术节"闭幕式演出苏剧现代戏《国鼎魂》。该剧获得2018"紫金文化艺术节优秀剧目奖"，王芳获2018"紫金文化艺术节优秀表演奖"。

11月9日，于上海参加第二十届上海国际艺术

节，演出苏剧现代戏《国鼎魂》。

2019年

1月1日，参加江苏省苏州昆剧院"源远流长盛世流芳"新年音乐会。

1月12日，于日本札幌演出昆剧《牡丹亭》，纪念"中日友好和平条约"缔结四十周年。

4月至6月，参加2019年度"江苏戏曲名作高校巡演"，演出苏剧现代戏《国鼎魂》。

5月19日、20日，于上海参加第十二届中国艺术节，演出苏剧现代戏《国鼎魂》。

6月2日，第十二届中国艺术节闭幕，苏剧现代戏《国鼎魂》荣获第十六届文华大奖。

8月22日、23日，在北京梅兰芳大剧院举办"梨园芳华·江南雅韵——王芳昆剧苏剧专场"，演出全本昆剧《牡丹亭》。

2020年

4月，苏剧大戏《花魁记》复排。

9月12日、27日，在怡园参加"怡醉芳修"苏剧经典传唱活动。

12月4日，苏剧《花魁记》完成文化部"像音像"工程录制。

2021年

1月1日，参加江苏省苏州昆剧院"源远流长盛世流芳"新年音乐会。

2月26日，入选"2020中国非遗年度人物"。

3月30日，苏剧现代戏《国鼎魂》入选"百年百部"创作计划重点扶持作品汇报演出。

5月6日、7日，苏剧现代戏《太湖人家》在苏州文化艺术中心首演。

6月12日，于南京参加"庆祝中国共产党成立100周年优秀舞台艺术作品展演"，演出苏剧现代戏《太湖人家》。

7月16日，于无锡参加"庆祝中国共产党成立100周年优秀舞台艺术作品展演"，演出苏剧现代戏《国鼎魂》。

8月8日-8月31日，现代苏剧电影《国鼎魂》在上海实亿片场完成拍摄。

9月22日，于淮安金湖参加2021紫金文化艺术节，演出苏剧现代戏《太湖人家》。

9月28日，于常熟参加第八届中国昆剧艺术节，演出苏剧现代戏《太湖人家》。

10月24日，苏剧现代戏《太湖人家》荣获江苏省文华大奖，王芳获江苏省文华表演奖。

10月30日，苏剧现代戏《太湖人家》荣获2021"紫金文化艺术节优秀剧目奖"，王芳获2021"紫金文化艺术节优秀表演奖"。

后　记

几年前我曾和王芳老师开玩笑，等你七十岁了，就以你口述的形式出一本自传吧。她笑笑，说好。2020 年，江苏凤凰教育出版社找到王芳老师，想为她出一本艺术家传记，王老师几经考虑答应下来，并决定由我来执笔。我说，我们的计划提前了。

虽然我和王芳老师已相识十几年，对她的情况相对比较了解，但撰写实际执行起来，还是遇到了一些困难。首先是我对王芳老师的了解是基于一些事件和性格，但成文成书需要大量的场景及细节描写，才会生动鲜活。王芳老师是个极其尊重事实且认真的人，哪怕是无关紧要的细节，她也不会允许我自己发挥。比如在写到她小时候爸爸晚上因为灯暗不能读书，就会收听广播的时候，她一定要给我解释清楚 60 年代的电费是如何缴纳的，才导致爸爸晚上不会开太亮的灯。我作为一个"85 后"，费解了很久才终于明白。但这也正是她的可爱之处——对待一切都有一颗真心。

王芳老师在苏州，演出、教学、讲座、行政等等事务繁忙；我在北京，也有自己的工作要开展。于是采访与写作就成了我们之间要不断协调时间的一件事，我不太愿意打电话采访她，因为害怕打扰她，她的事情多到我无法想象，每每我去苏州，跟在她身后的时候都会想，到底是什么支撑着身体并不太好的她，一直这么无休无止地"运转"下去。

是"赤子之心"吧，我想。听上去似乎有点空，但这个词用在她身上最恰当不过。初识王芳老师的时候，我被她的昆曲艺术所折服，她的表演中有着对艺术的热爱与赤诚，所以她才能塑造出那么多极具张力的舞台形象。后来她一肩挑起了苏剧传承发展的担子，我亲眼见证了剧团从两个人到八十人的不断壮大，也亲眼见证了她在几年内突然增加数倍的工作量，以及身体状态的下滑。在苏剧传习保护中心的开台大戏《国鼎魂》中，她饰演的潘达于先生仿佛就是映照到现实中的自己，为了守护文脉传承，默默奉献，在平凡中成就伟大。

但她从不觉得自己有什么特别。这其中很多细节、很多辛苦，只有她身边的人看得到，我很想把这些一一记录下来，但审稿的时候，她删去了一些，只保留了基本事件。包括在她的青年时代，昆曲不景气的时候，有些不那么愉快的事，她也不许我写进去。我曾与她分辩：这样才是一个完整的王芳啊！她说事情都过去了，为何让大家不开心呢？她想让大家看到的都是积极的、乐观的，她说人生也该如此的。

在经历了几次采访、录音、整理后，我和好友闻雨轩在云南大理的洱海边，完成了十几万字的书稿。雨轩亦与王芳老师相识多年，在大理期间帮我做了大量的文字整理工作，因此以第二作者署名，在此一并说明。同时也要感谢我的小友李雅姿，参与了部分录音整理工作；还要感谢我、雨轩与王芳老师的共同好友李彬女士，为我们提供了洱海边安静的写作环境，每日晨起写作，直至暮色沉沉。那些几乎与世隔绝的闭关日子，至今令人难忘。

初稿完成后，疫情再次反复，北京市疾控中心建议"非必要不出京"；而此时的王芳老师，正在苏剧《国鼎魂》全国巡演的路上。我只好请团里参加巡演的工作人员将稿件打印好，让王芳老师审阅。就这样，在排练、走台、演出、辗转下一地的周而复始中，王老师看完了这十几万字。还好巡演队伍没有受到疫情影响，顺利回苏。接下来的一段时间中，只要我和王老师晚上都有空，我们就会通一个半小时左右的电话，由王老师逐字逐句指出修改意见。大到一个事件，小到一个标点，她都仔仔细细改过。

其实除了认真与责任，王芳老师在私下是个非常有趣的人。她亲切细腻，是什么都为你想好的长辈；却也可爱调皮，天真得像个豆蔻年华的少女。我想，也正是这样的人，才会成为艺术家吧。可惜我文笔有限，所写之处，不及王芳老师真人之二三，只能请各位读者展开想象了。最后，大概也是王芳老师所希望的，就是请大家多多走进剧场，亲身感受我们的传统艺术吧。

王薇

2021 年 11 月 12 日于北京

图书在版编目（CIP）数据

一曲满庭芳 / 王芳口述；王薇，闻雨轩撰写 .--
南京：江苏凤凰教育出版社，2021.12
ISBN 978-7-5499-9891-3

Ⅰ.①一… Ⅱ.①王… ②王… ③闻… Ⅲ.①王芳—
自传 Ⅳ.① K825.78

中国版本图书馆 CIP 数据核字（2022）第 004911 号

一曲满庭芳

王　芳 / 口述
王　薇　闻雨轩 / 撰写

策划编辑　戎文敏　周敬芝
责任编辑　吴文昊　李明非
设计指导　周　晨
装帧设计　孙宁宁
责任监制　谢　勰

出版发行　江苏凤凰教育出版社
　　　　　　（南京市湖南路 1 号 A 楼　邮编：210009）
苏教网址　http : // www.1088. com. cn
照　排　江苏凤凰制版有限公司
印　刷　苏州市越洋印刷有限公司
厂　址　苏州市吴中区南官渡路 20 号（邮编：215104）
开　本　787 毫米 ×1092 毫米　1/16
印　张　19.5
版　次　2021 年 12 月第 1 版
印　次　2021 年 12 月第 1 次印刷
书　号　ISBN 978-7-5499-9891-3
定　价　88.00 元
网店网址　http : // jsfhjycbs. tmall. com
公 众 号　苏教服务（微信号：jsfhjyfw）
邮购电话　025-85406265，025-85400774，短信 02585420909
盗版举报　025-83658579